Till-Holger Borchert

MEESTERWERK
MASTERPIECE

PETER PAUL RUBENS

AF473707

LANNOO

Peter Paul Rubens

° 1577 - † 1640

Jan Rubens, de vader van de schilder, was in Antwerpen schepen van 1562 tot 1567 maar emigreerde in 1568 als calvinist naar Keulen, samen met zijn echtgenote Maria Pijpelinckx. Hij werd er juridisch adviseur en secretaris van Anna van Saksen, en bovendien haar minnaar. Haar echtgenoot, Willem van Oranje-Nassau, liet hem in 1571 wegens echtbreuk ter dood veroordelen, maar op verzoek van zijn eigen vrouw werd de straf gemilderd en omgezet in een verbanning naar Siegen. Daar kwam Peter Paul Rubens op 28 juni 1577 ter wereld. Tussen 1578 en 1587 woonde het gezin in Keulen, maar na de dood van haar echtgenoot keerde Maria Pijpelinckx met de kinderen naar Antwerpen terug.

In Antwerpen bezocht Peter Paul Rubens aanvankelijk de Latijnse school bij het kathedraalkapittel; het gezin had zich inmiddels tot het katholicisme bekeerd. Hij volgde een schildersopleiding bij Tobias Verhaecht en Adam van Noort, en vanaf 1594 bij Otto van Veen. In 1598 werd Rubens als vrijmeester in het Sint-Lucasgilde ingeschreven, maar hij bleef nog een tijd in het atelier van zijn meester werken. In de lente van 1600 reisde hij naar Italië, waar hij als hofschilder in dienst kwam bij Vincenzo Gonzaga, hertog van Mantua. De Vlaming werd er vooral als portrettist gevraagd en had de tijd en de mogelijkheid om de kunstverzameling van de hertog te bestuderen, die belangrijke werken van Mantegna, Tintoretto en Titiaan bevatte. In 1601 begaf hij zich, voorzien van aanbevelingen en kredietbrieven, naar Rome om er voor de hertog kunstwerken te kopen. Hij benutte zijn verblijf aldaar om zowel de antieke overblijfselen als de werken van Rafaël en Michelangelo te bestuderen.

In Rome schilderde hij in opdracht van aartshertog Albrecht drie altaarstukken voor de Helenakapel in Santa Croce in Gerusalemme, die hem in Italië heel wat waardering opleverden. Vanuit Mantua stuurde de hertog hem in 1603 naar Spanje, waar hij een voorname beschermheer vond in de hertog van Lerma, de machtige minister van koning Filips II (p. 7).

Via Genua keerde Rubens naar Mantua terug, waar hij in 1604 voor de hertog drie monumentale schilderijen ter ere van de Heilige Drievuldigheid maakte. In 1605 volgde een verblijf in Genua. Daar schilderde hij naast portretten ook de *Besnijdenis*

Jan Rubens, the father of the painter, was a magistrate of Antwerp from 1562 to 1567. Due to being a Calvinist, he emigrated to Cologne in 1568 with his wife Maria Pijpelinckx. There he became the legal adviser and secretary to Ann of Saxony, as well as her lover. Her husband, William the Silent, Prince of Orange, had him sentenced to death for adultery in 1571, but Maria successfully pleaded to have the sentence commuted to one of exile in Siegen. It was here that Peter Paul Rubens was born on 28 June 1577. Between 1578 and 1587, the family lived in Cologne. Following her husband's death, Maria Pijpelinckx returned with the children to Antwerp.

Here, having converted to Catholicism, Peter Paul Rubens attended the Latin School of the cathedral chapter. He trained as a painter under Tobias Verhaecht and Adam van Noort, and, from 1594, under Otto van Veen. In 1598, Rubens was admitted to the guild of St Luke in Antwerp as a free master, but continued to work in the workshop of his master for some time. In the spring of 1600, Rubens travelled to Italy, where he worked as court painter for the Duke of Mantua, Vincenzo Gonzaga. He was primarily employed as a portraitist, and had the time and opportunity to study the duke's art collection, which included important works by Mantegna, Tintoretto and Titian. In 1601, armed with letters of recommendation and credit, he went to Rome, in order to acquire works of art for his patron. He made use of his stay to study remnants of antiquity as well as the works by Raphael and Michelangelo. In Rome, he was commissioned by Archduke Albert to paint three altarpieces for the chapel of St Helena in Santa Croce in Gerusalemme, which gained him considerable recognition in Italy. In 1603, the duke dispatched Rubens from Mantua to Spain, where he found a patron in the Duke of Lerma, Philip II's powerful minister (p. 7).

Rubens returned via Genoa to Mantua, where, in 1604, he executed three monumental paintings in honour of the Trinity on behalf of the duke. This was followed by a sojourn in Genoa in 1605, where, in addition to portraits, he painted the *Circumcision of Christ* for the city Jesuit church. However, his most important work in Italy was the altarpiece for the high altar of the

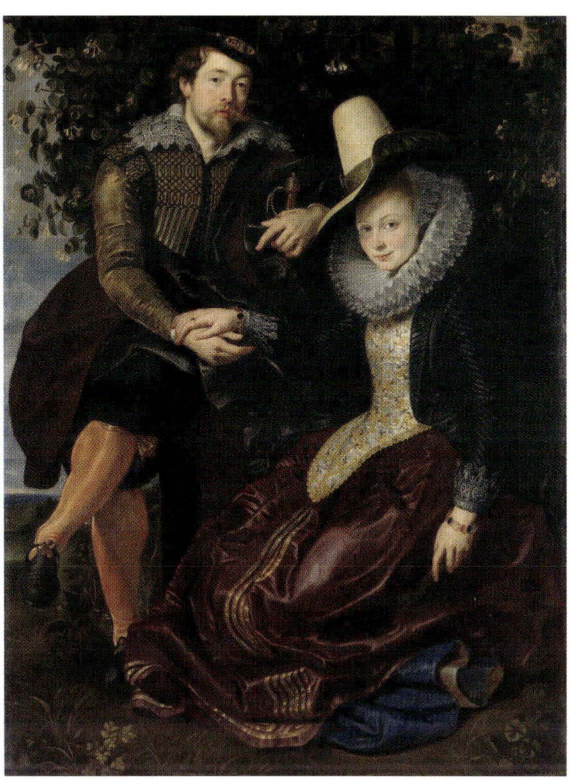

Zelfportret met echtgenote
Self-portrait with wife
ca. 1609
München, Alte Pinakothek
Munich, Alte Pinakothek

van Christus voor de plaatselijke jezuïetenkerk. Maar zijn belangrijkste werk in Italië was een retabel voor het hoofdaltaar van de oratorianenkerk Santa Maria in Vallicella in Rome, dat hij tussen 1606 en 1608 in Rome schilderde.

Op het hoogtepunt van zijn carrière in Italië ontving Rubens in oktober 1608 het bericht dat zijn moeder overleden was. Hij reisde in allerijl naar Antwerpen terug. Hoewel hij van plan was om naar Italië terug te keren, bleef hij tot 1621 in de Scheldestad, waar hij – in belangrijke mate dankzij het Twaalfjarig Bestand tussen de Spaanse Nederlanden in het zuiden en de Verenigde Provinciën in het noorden – een gunstig arbeidsklimaat vond. In 1609 werd hij tot hofschilder van de landvoogden Albrecht en Isabella benoemd; hetzelfde jaar trouwde hij met Isabella Brant (1591-1626), die hem drie nakomelingen schonk. In Het *kamperfoelieprieel* schilderde Rubens zichzelf zelfbewust met zijn vrouw.

In Antwerpen kreeg Rubens al meteen belangrijke opdrachten, die zijn reputatie als kunstenaar bevestigden: burgemeester Rockox bestelde het *Drieluik met de kruisoprichting* voor de Sint-Walburgakerk, en in opdracht van Cornelis van der Geest schilderde hij de monumentale

Roman oratory church of Santa Maria in Vallicella, which Rubens painted between 1606 and 1608 in Rome.

At the climax of his career in Italy, in October 1608, Rubens received word of his mother's death. In great haste, he left for Antwerp, where, in spite of his intention to return to Italy, he stayed until 1621. In Antwerp he found a favourable working atmosphere, not least as a result of the Twelve-Year Truce between the Spanish Netherlands in the south and the United Provinces in the north. In 1609, he was appointed court painter to the governor Albrecht of Austria and his consort Isabella. The same year he married Isabella Brant (1591-1626), who bore him three children. The *Honeysuckle Bower* shows a self-confident Rubens with his wife.

In Antwerp Rubens soon obtained important commissions, which confirmed his reputation as an artist: Mayor Rockox ordered the *Triptych with the Raising of the Cross* for the church of St Walburga, while Cornelis van der Geest commissioned him to paint the monumental *Triptych of the Descent from the Cross* (p. 19). In 1610, Rubens bought a town mansion on Wapper Street, which he enlarged based on the model of the Genoese

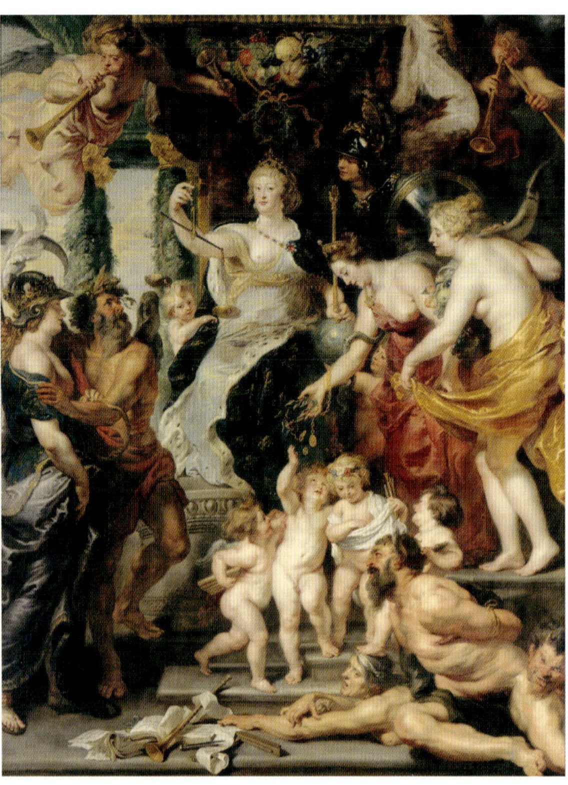

Het geluk van de heerschappij van Maria de' Medici
The happiness of Maria de' Medici's rule
Uit de cyclus: From the cycle: Maria de' Medici 1621–1625
Musée du Louvre

Triptiek met de kruisafneming (p. 19). In 1610 kocht Rubens een huis op de Wapper, een representatief stadspaleis dat hij uitbreidde naar het model van Genuese palazzi. Tijdens de volgende jaren voerden Rubens en zijn atelier talrijke lucratieve opdrachten voor altaarstukken uit. De schilderijen voor de Antwerpse jezuïetenkerk – de twee monumentale hoofdaltaren en de vanaf 1620 begonnen plafondschilderingen – werden toonaangevend voor de beeldtaal van de Contrareformatie in Vlaanderen. Naast die religieuze werken schilderden Rubens en zijn atelier ook portretten en ontwierpen zij kostbare wandtapijten met voorstellingen van mythologische thema's, die erg in trek waren bij intellectuele verzamelaars in heel Europa en ook via gravures verspreid werden.

Begin 1622 gaf Maria de' Medici, de moeder van de Franse koning, Rubens de opdracht haar residentie – het paleis van de graven van Luxemburg – te stofferen met twee monumentale schilderijencycli die het leven en werk van de opdrachtgeefster en van haar overleden echtgenoot Hendrik IV van Frankrijk moesten voorstellen. Voor deze cyclus, die in 1625 voltooid was, schiep Rubens indrukwekkende allegorische personificaties die de absolutistische Franse monarchie leken

palazzi. During the following years, Rubens and his studio worked on numerous lucrative altarpiece commissions. The paintings for Antwerp's Jesuit church—the two monumental altarpieces for the high altar and the ceiling paintings (which he began in 1620)—set the tone for the pictorial imagery of the Counter-Reformation in Flanders. Alongside religious works, Rubens and his employees also painted portraits and designed costly tapestries with depictions of mythological themes, which were in high demand among intellectual collectors throughout Europe and were also widely disseminated in print form.

At the start of 1622, Marie de' Medici, the mother of the king of France, commissioned Rubens to paint two monumental sequences of pictures for her residence, the Luxembourg Palace in Paris; these were to show her own life and work and those of her late husband, King Henry IV of France. For the Medici cycle, which was completed in 1625, Rubens created impressive allegorical personifications, which seemed to celebrate France's absolute monarchy. The commission brought Rubens the longed-for recognition from the highest authorities. At the same time, it marked the start of a hectic period of diplomatic

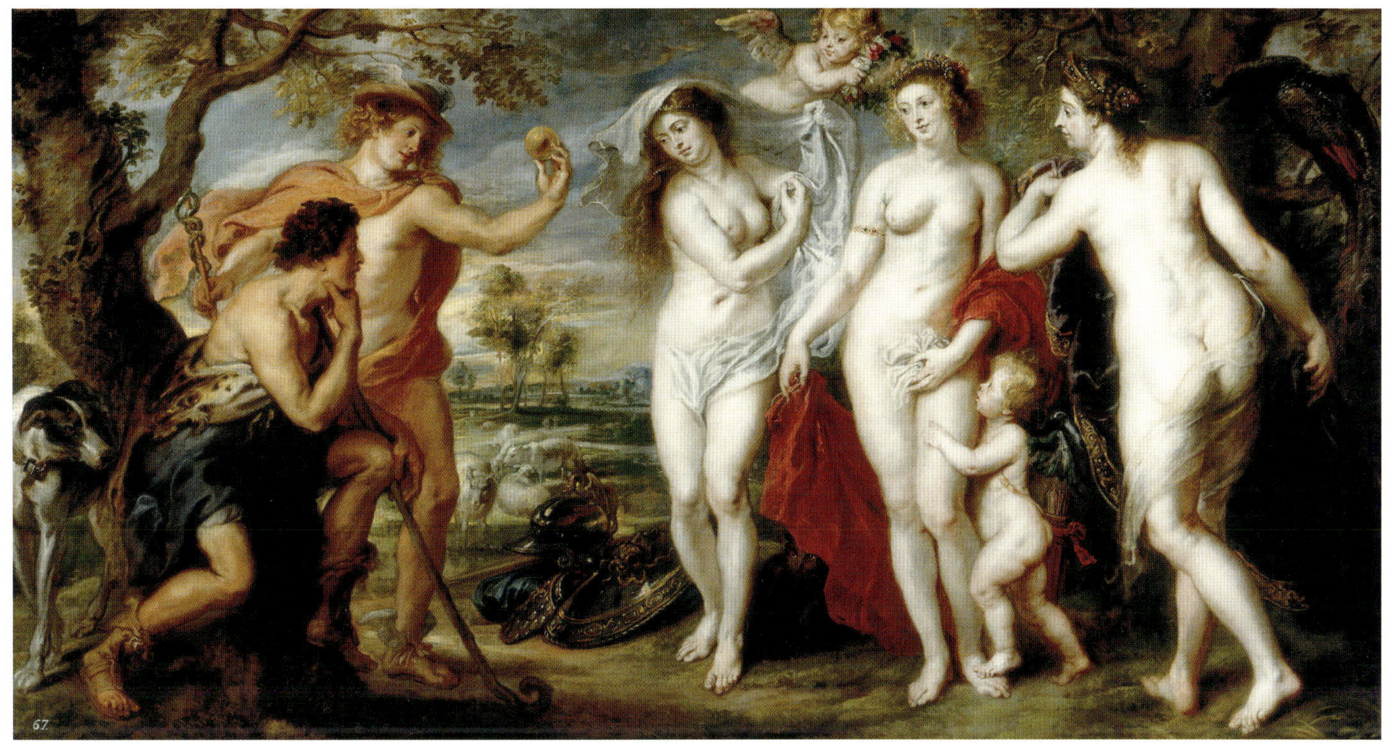

Oordeel van Paris
The Judgement of Paris
1630/35
Madrid, Museo Nacional del Prado

te huldigen. Deze opdracht bracht Rubens de verhoopte erkenning door de hoogste instanties. Het was ook het begin van een hectische periode van diplomatieke activiteiten in opdracht van aartshertogin Isabella, die samenviel met de dood van Rubens' vrouw in 1626. Rubens' diplomatieke missies, tijdens welke hij de politieke elite in heel Europa ontmoette en tal van belangrijke opdrachten kreeg, brachten hem in 1628 aan het hof van Filips IV in Madrid en vervolgens naar Engeland, waar hij voor Karel I de allegorische voorstelling *Oorlog en vrede* schilderde. Hij kreeg er ook de opdracht voor de plafondschildering van Banqueting Hall in Whitehall, die hij in 1634 voltooide.

In 1630 trouwde Rubens met de zestienjarige Hélène Fourment, die hem eveneens kinderen schonk. In het laatste decennium van zijn leven maakte de schilder, die intussen in de adelstand verheven was, onder andere het monumentale *Ildefonsoretabel* voor de Brusselse hofkerk, naast mythologische taferelen zoals *Het oordeel van Paris*. Op zijn kasteel Het Steen bij Zemst schilderde hij voor zijn plezier landschappen. Rubens stierf op 63-jarige leeftijd en werd begraven in de Antwerpse Sint-Jacobskerk.

activity on behalf of Archduchess Isabella, which coincided with the death of Rubens's wife in 1626. Rubens's diplomatic missions, during which he met the political elite from all over Europe and obtained numerous important commissions, took him in 1628 to the court of Philip IV in Madrid, and subsequently to England, where he painted the allegorical depiction *War and Peace* for Charles I. There, he was also commissioned to execute the ceiling paintings for the Banqueting Hall in Whitehall, which he completed in 1634.

In 1630, Rubens married the 16-year-old Hélène Fourment, who bore him more children. In the final decade of his life, Rubens, by now ennobled, painted works such as the monumental *Ildefonso Altarpiece* for the court church in Brussels in addition to mythological scenes, such as the *Judgement of Paris*. At his château Het Steen near Zemst, he painted landscapes for his own pleasure. Rubens died at the age of 63 and was buried in St James's Church in Antwerp.

Ruiterportret van Don Francisco Gómez de Sandoval y Rojas, hertog van Lerma
Equestrian Portrait of Don Francisco Gómez de Sandoval y Rojas, Duke of Lerma

1603

Op bevel van zijn broodheer Vincenzo Gonzaga, hertog van Mantua, vertrok Peter Paul Rubens in de lente van 1603 vanuit de haven van Livorno naar Spanje om een zending schilderijen en andere geschenken naar Valladolid te brengen en ze daar aan te bieden aan het Spaanse koningspaar en hun machtige minister Don Francisco (1553-1625), hertog van Lerma. Met zijn royale geste wilde de hertog van Mantu het bevriende Spaanse hof gunstig stemmen, in de vermetele hoop tot admiraal van de Spaanse vloot te worden benoemd. Rubens moest vooral in 't gevlij proberen te komen bij de kunstzinnige hertog van Lerma, die de feitelijke heerser over Spanje was. Aangenomen mag worden dat de geschenken, waaronder kopieën naar meesterwerken van Rafaël en schilderijen van Quinten Massijs en Frans Pourbus, in dank werden aanvaard. Maar voor de machtige Grande volstond dit blijkbaar niet. Enkele dagen na de aankomst van het gezantschap uit Mantua liet Don Francisco aan de officiële zaakgelastigde van Gonzaga weten dat hij wenste dat Rubens langer in Valladolid, de toenmalige hoofdstad van Spanje, zou verblijven en een schilderij voor hem zou maken waarvan het onderwerp hem al voor ogen stond.

De jonge Rubens verwezenlijkte toen het spectaculaire, bijna levensgrote ruiterportret van de hertog die in volle wapenrusting en gezeten op een fiere schimmel de toeschouwer tegemoet rijdt. Zonder twijfel kwam het idee om zijn status en macht door Rubens in een monumentaal ruiterportret te laten vereeuwigen van de hertog zelf. Kort tevoren was deze immers door Filips III tot kapitein-generaal van de Spaanse cavalerie en tot onderbevelhebber van de zeer prestigieuze ridderorde van Santiago benoemd.

Het ruiterportret was een alom geliefd genre aan de Europese hoven. Rubens baseerde zich niet op Titiaans beroemde ruiterportret van keizer Karel V bij de slag van Mühlberg, maar veeleer op voorstellingen in de beeldhouwkunst, schilderkunst en prentkunst die teruggingen op het ruiterbeeld in de Romeinse oudheid als symbool van

In the spring of 1603, at the urging of his longtime patron Vincenzo Gonzaga, Duke of Mantua, Peter Paul Rubens set out by sea from Livorno to Valladolid in Spain, where the painter was to hand over several paintings and other gifts from the duke to his allies, the Spanish royal couple, and their powerful favourite Don Francisco (1553-1625), the Duke of Lerma. Gonzaga hoped his generous gesture would secure the fulfilment of his ambitious hope to be appointed admiral of the Spanish fleet. Rubens particularly needed to please the art-loving duke of Lerma, who actually decided Spanish government policy. We can assume that the gifts, which included copies of masterpieces by Raphael and paintings by Quinten Matsys and Frans Pourbus, were accepted with gratitude. However, for the powerful grandee this apparently was not enough, for just a few days after the arrival of the legation from Mantua, Don Francisco told Gonzaga's official representative that he wanted Rubens to stay a little longer in Valladolid in order to paint him a picture on a theme he already had in mind.

In consequence, the young Rubens created this spectacular, almost life-size equestrian portrait of the duke, depicted riding towards the viewer in full armour on the back of a proud white horse. It was, without a doubt, the Duke of Lerma who required Rubens to stage his rank and power appropriately in the form of an equestrian portrait. For it was only a short time earlier that he had been appointed captain-general of the Spanish cavalry by King Philip III and vice-commander of the prestigious knightly Order of Santiago.

Equestrian portraits were widespread in the European courts of that period. Rubens drew inspiration not from Titian's famous equestrian portrait of Emperor Charles V at the battle of Mühlberg, but rather from depictions in the arts of sculpture, painting and etching, which reach back to equestrian representations from Roman Antiquity as a symbol of a ruler's absolute power. And yet, in his equestrian portrait commissioned

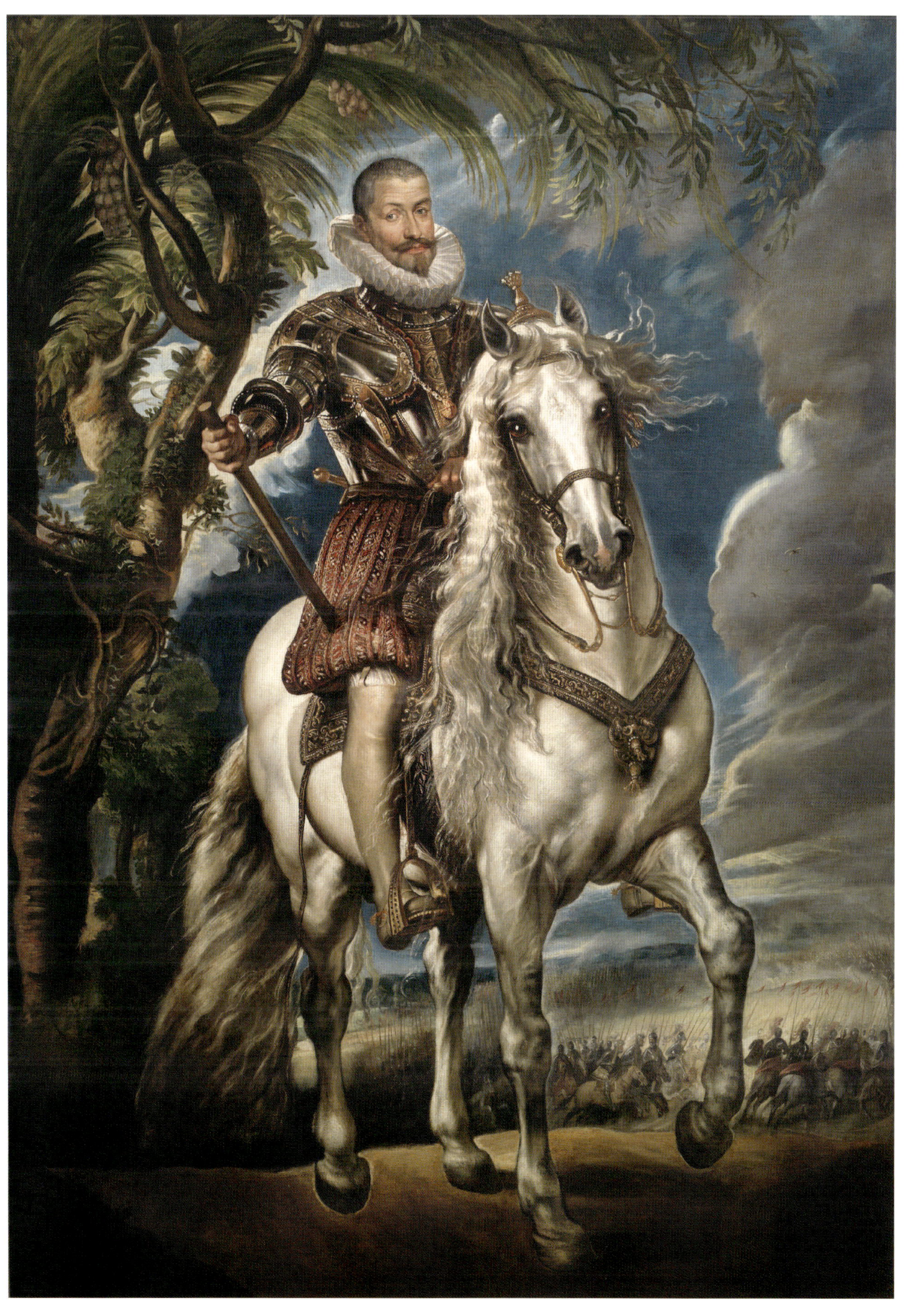

Olieverf op doek, 290,5 x 207,5 cm Madrid, Museo Nacional del Prado, inv. nr. p03137
Oil on canvas, 290.5 x 207.5 cm Madrid, Museo Nacional del Prado, Inv. p03137

absolute heersersmacht. Tegelijk echter presenteerde hij met zijn schilderij voor de hertog van Lerma een geheel nieuwe visie op het genre van het ruiterportret. Bijzonder origineel is daarbij het frontale aanzicht van paard en ruiter, dat mogelijk is afgeleid van El Greco's *Martinus*. Rubens negeerde zodoende resoluut de compositie van Titiaan, nu net een kunstenaar die in Spanje en ook door hemzelf ten zeerste werd bewonderd. Wilde hij zich misschien met de grote meester meten? Of dacht hij terug aan Plinius' beschrijving van een schilderij van de mythische Apelles, met een voorstelling van de Macedonische edelman Antigonus die te paard en in volle wapenrusting als het ware op de toeschouwer kwam aanrijden?

De hertog verschijnt ten tonele op een prachtig opgetuigde schimmel waarvan de manen en de staart in de wind wapperen. Hij zit stevig met zijn voeten in de stijgbeugels en draagt een glanzend pronkharnas en een Spaanse molensteenkraag, die zijn gezicht omlijst. In zijn rechterhand houdt hij de wapenstaf waarmee hij zijn troepen te velde aanvoert. De staf rust op de dikke, met gouddraad doorweven stof van zijn rijbroek. De gouden sint-jakobsschelp die hij aan een ketting op de borst draagt, verwijst naar de heilige Jacobus en zodoende naar Don Francisco's waardigheid van grootcommandeur in de ridderorde van Santiago. De virtuositeit waarmee de toen 26-jarige Rubens de fonkelingen van het met goudinlegwerk versierde hertogelijke harnas weergaf, is indrukwekkend en getuigt van een uitzonderlijk artistiek meesterschap.

De compositie is knap uitgekiend. Schijnbaar nonchalant rijdt de hertog voorbij twee bomen met overhangende takken als van een triomfboog. Die vormen links een grillige beeldrand, met aan de overzijde een onheilspellende wolkenmassa als tegenhanger. Door de belichting en opbouw van deze onweerslucht krijgt de compositie iets dramatisch. De geladen sfeer wordt nog versterkt door de achtergrond, waar een veelkoppige massa ruiters met opgerichte lansen in volle galop een militair offensief uitvoert. De hertog is een heuvel komen opdraven vanwaar hij zijn cavalerie kan overschouwen. Ook wij kijken vanaf een lager gelegen punt naar hem op. Aan dit alles voegde Rubens heel subtiel en als het ware terloops een verwijzing toe naar de uitkomst van de charge. De takken boven het hoofd van de hertog zijn die van een palmboom en een olijfboom, de ene een zinnebeeld van de overwinning, de andere van de vrede.

by Don Francisco, Rubens had veritably reinvented the genre. An original feature here is the idea, possibly derived from El Greco's depiction of St Martin, of a frontal view of horse and rider, a formula with which Rubens not only departed radically from the pictorial representation found by his idol Titian, which was regarded as exemplary particularly in Spain, but also maybe sought to outdo the latter artistically. Perhaps he recalled Pliny's description of a painting by Apelles, which showed the Macedonian nobleman Antigonus in full armour on horseback riding towards the beholder.

In Rubens's painting the duke appears in shining ceremonial armour on his magnificently decorated white horse, whose mane and tail are fluttering in the wind. With his feet firmly in the stirrups, wearing a splendid armour and his face framed by a Spanish ruff, the duke is pushing his baton, an instrument of command, against the thick, gold-embroidered fabric of his riding breeches. The gold scallop, which he is wearing on a chain around his neck, is an allusion to St James, and thus to Don Francisco's dignity as *Comendador Mayor* of the Knights of Santiago. Rubens has executed the dazzling reflections of the duke's gold-inlaid armour with exceptional virtuosity, impressively illustrating the extraordinary artistic confidence of an artist who was, after all, only 26 years old at the time.

The composition is also highly sophisticated. Almost by the by, the duke is passing two trees on the left-hand side, so that their branches frame him like a triumphal arch, creating a fanciful portrait border on the left with an ominous mass of clouds on the other side. The treatment of incident light and the gathering clouds that suggest a storm is brewing also give the picture a dramatic charge. The background, where a mass of riders with raised spears are carrying out a military offensive at a full gallop, enhances the charged atmosphere. The duke has just run up a hill from where he can overlook his cavalry. The viewer also looks up at him from a slightly lower position. To all this, Rubens subtly, almost as if in passing, added a reference to the outcome of the charge: the branches above the duke's head are from an olive and palm tree, one a symbol of victory, the other a symbol of peace.

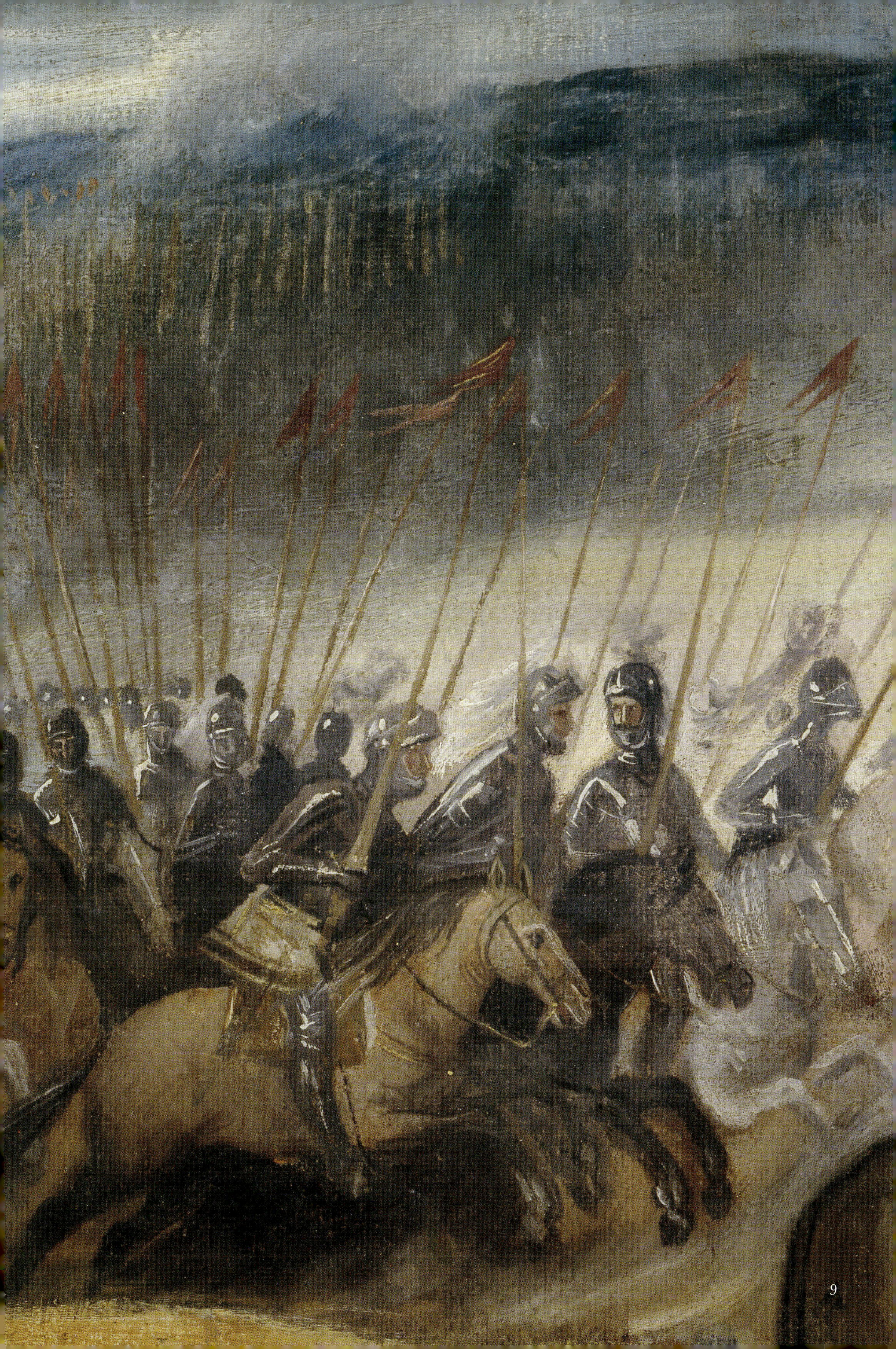

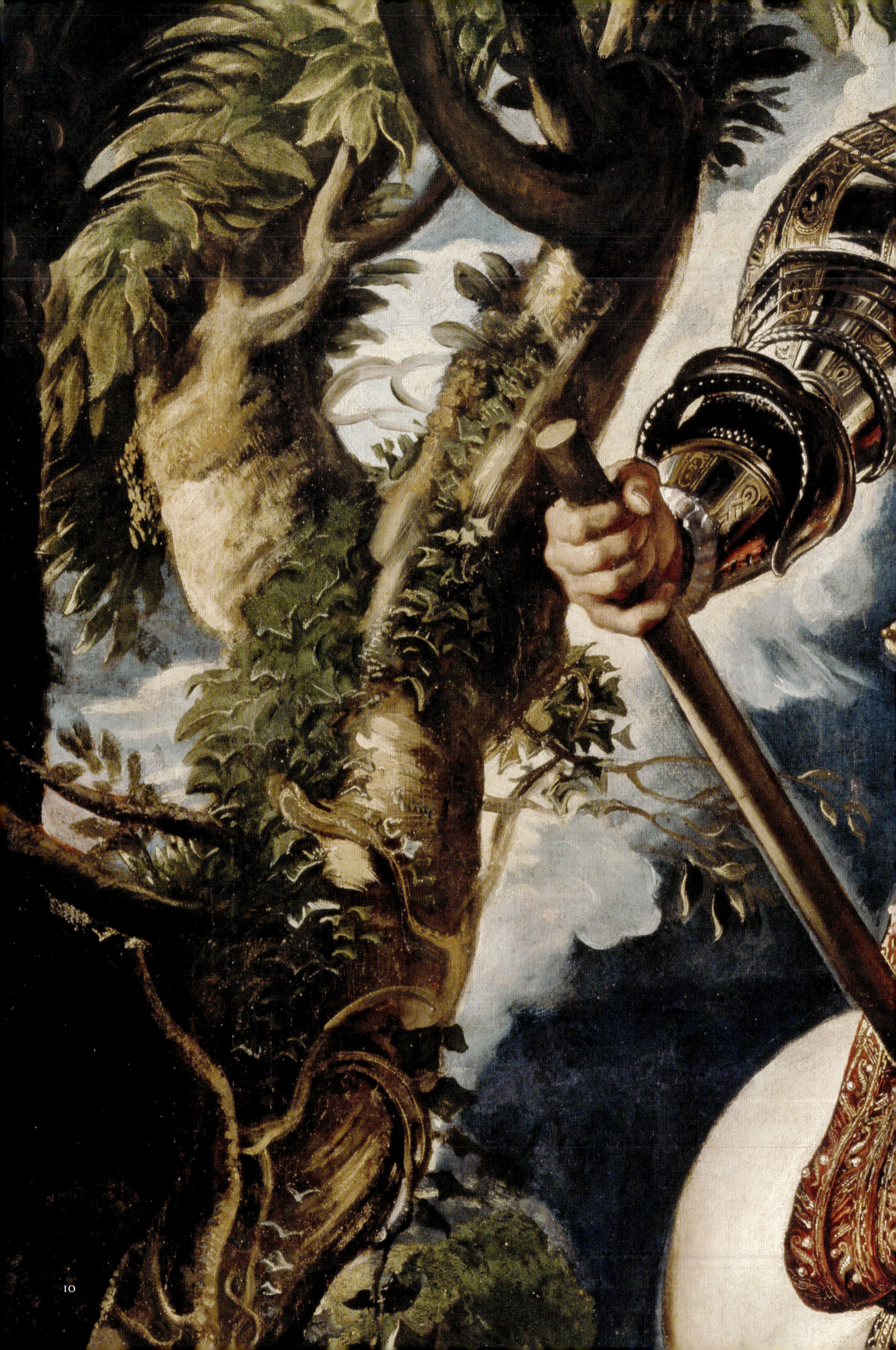

Een schitterend staaltje van artistiek talent
An Outstanding Example of Artistic Talent

In tegenstelling tot het oeuvre uit de latere jaren, toen Peter Paul Rubens in Antwerpen een groot atelier leidde waar hij de uitvoering van de schilderijen in toenemende mate overliet aan talentvolle medewerkers en helpers die zich op zijn schetsen en ontwerpen baseerden, zijn de vroege werken van de meester doorgaans geheel door hemzelf geschilderd. In deze werken komen zijn ongeëvenaarde schildertalent en virtuositeit en zijn buitengewone gevoel voor compositie ten volle tot uiting.

Tot die vroege werken behoort het ruiterportret van de hertog van Lerma. Rubens kon op dat moment van zijn loopbaan nog geen beroep doen op een schare vertrouwde assistenten. Bovendien kreeg de jonge kunstenaar de opdracht voor dit monumentale schilderij heel onverwacht tijdens een diplomatieke missie in Spanje. Het Spaanse hof stelde waarschijnlijk wel helpers ter beschikking om het doek op het raam te spannen, de grondlaag aan te brengen, de pigmenten fijn te wrijven en nog andere voorbereidende taken van praktische aard te vervullen, maar het ontwerp en de schilderkunstige verwezenlijking waren zonder enige twijfel het werk van Rubens alleen. Immers, mocht hij een deel van de artistieke arbeid aan anderen hebben overgelaten, dan zou zijn houding als een onvergeeflijk gebrek aan eerbied voor de machtige opdrachtgever zijn opgevat, wat meteen tot spanningen in de diplomatieke betrekkingen zou hebben geleid. En dat was nu net niet wenselijk...

De ambitieuze compositie toont dat de schilder eer wilde behalen met zijn werk en dat hij hoopte zijn opdrachtgever ermee te behagen. Hoog op zijn paard komt de Spaanse hertog aangereden onder twee bomen; de takken, die doorbuigen onder het gewicht van de vruchten (p. 14), vormen als het ware een triomfboog rondom de legeraanvoerder en zijn prachtige schimmel. Rubens koos weldoordacht voor een laag gezichtspunt zodat het lijkt alsof de toeschouwer opkijkt naar paard en ruiter. Dit is in feite het normale perspectief waarin een ruiter wordt waargenomen. De schilder suggereert echter ook dat de hertog van Lerma zich boven op een heuvel bevindt vanwaar hij als kapitein-generaal van de Spaanse cavalerie een attaque kan gadeslaan die zich in de vlakte achter de heuvel afspeelt (p. 9).

Leverde Rubens met de compositie van het ruiterportret een bewijs van zijn vindingrijkheid

In contrast to the works from later years, when Peter Paul Rubens ran a large studio in Antwerp and employed an increasing number of talented assistants for the execution of paintings on the basis of his sketches and designs, his early works are largely his own, and graphically manifest the astonishing painterly skill, enormous virtuosity and remarkable sense of composition that characterize his work.

This is true not least of the Equestrian Portrait of the Duke of Lerma. At this point in his career, Rubens was unable to rely on the help of trusted assistants for the execution of this monumental painting. Even more so because the commission took the young painter by surprise during a diplomatic mission in Spain. Although the Spanish court probably did provide him with assistants, their duties would have been confined to stretching and priming the canvas, grinding and mixing the paints, and other such preparatory procedures. The design and painterly execution would have been the responsibility of the artist himself, for anything else would have been interpreted as a lack of respect towards the powerful client, and was thus to be avoided if only by dint of diplomatic considerations.

The demandingly sophisticated composition betrays the painter's ambition to please his influential Spanish patron. Mounted on his steed, the Duke is shown riding forth from beneath two trees; the branches, bent under the weight of fruit (p. 14), convey the impression that the Spaniard is appearing beneath a triumphal arch. The perspective which Rubens chose for his presentation of the duke and his splendid white horse was chosen with care, and suggests that the beholder is looking up to horse and rider from an inferior position. Of course, this is the angle from which one would normally encounter a man on horseback, but Rubens still hints, through his composition, that the Duke of Lerma is on an elevation, from where he, as commander of the Spanish cavalry, can watch an attack that is taking place in the background (p. 9).

Not only does Rubens provide evidence of conceptual and intellectual strengths with the composition of this equestrian portrait, he also wanted to demonstrate his expertise in brushwork and paint application. For example, he depicted with particular care the duke's magnificent

en psychologische intelligentie, dan wilde hij evenzeer zijn bedrevenheid inzake penseelvoering en kleurbehandeling demonstreren. Hij besteedde bijvoorbeeld uiterste zorg aan de weergave van het borstkuras van de hertog (p. 13). Dit kostbare pronkharnas, dat veeleer een statussymbool was en een puur representatieve functie had, kwam vermoedelijk uit een Milanese metaalwerkplaats, want net als de Zuid-Duitse steden Augsburg en Nürnberg was de hoofdstad van Lombardije destijds beroemd om zijn productie van kunstig versierde wapenrustingen. Met oog voor de kleinste details werkte Rubens nauwgezet de gegraveerde en vergulde sierbanden van het kuras uit, waarop figuratieve elementen en christelijke en mythologische motieven te onderscheiden zijn. Ook de ontelbare glanseffecten van het zonlicht op het gepolijste metaal vormen een schitterend staaltje van zijn bekwaamheid. Efficiënt en zonder aarzelen bracht hij het loodwit van de hoogsels met een brede borstelstreek op het zwarte oppervlak van het harnas aan.

Een andere proeve van zijn virtuositeit is de uitbeelding van het paard (p. 16). Waarschijnlijk portretteerde Rubens hier het lievelingspaard van de hertog. Het dier, met zijn in de wind wapperende lange manen en staart, zijn glinsterende ogen en opengesperde, snuivende neusgaten, imponeert door zijn schoonheid en kracht. Het is mooi opgetuigd en de siermotieven van het tuig harmoniëren met de kledij van de hertog. Doordat de kunstenaar klaarblijkelijk eerst de diepblauwe lucht en witte wolken schilderde met uitsparing van de contouren van paard en ruiter, ontstaat de indruk dat de hertog in een aureool van licht verschijnt.

Rubens spreidde in dit portret werkelijk het hele gamma van zijn picturale vaardigheden tentoon, van de fijne detaillering, zoals de beharing van het paardenhoofd die met korte penseelstreken is weergegeven, tot de losse maar doeltreffende evocatie van de achtergrond, waarin met snelle, grote toetsen het gebladerte en de boomvruchten worden opgeroepen, terwijl de aaneengesloten drommen van de Spaanse cavalerie in de verte vluchtig geschilderd en onafgewerkt lijken.

breastplate (p. 13). This valuable item, which had a mainly prestige function as a status symbol, was a particularly costly piece from an armourer's workshop, probably in Milan. Just like the south German imperial cities such as Augsburg and Nuremberg, the Lombard capital was a leading centre in the production of elaborately decorated armour. With a decided feel for detail, Rubens assiduously depicts the engraved and gilded decorative ribbons on the breastplate which display both Christian and mythological figural elements, while at the same time he demonstrates his painterly virtuosity through the representation of countless reflections of sunlight on the polished metal. With broad brush strokes, Rubens efficiently and confidently applied lead white on the pitch-black surface of the armour to illumine it.

The duke's steed is portrayed with no less skill (p. 16). We may presume that this impressive beast is a portrayal of the duke's favourite horse. The animal, with its long mane and tail blowing in the wind, its sparkling eyes and splayed nostrils, impresses us with its beauty and strength. It is shown in full harness with decorative motifs that harmoniously correspond with the attire of the duke. Rubens first painted the deep-blue sky and white clouds, while saving room for the outlines of the horse and rider, creating the impression that the duke is appearing in an aureole of light.

In this portrait, Rubens clearly demonstrated the considerable breadth of his painting abilities—from his eye for detail, such as the mane of the horse that is painted with short brush strokes, to loose but efficient depiction of the background, in which he hints towards the leaves and fruit of the trees with coarse brush strokes, while the Spanish cavalry in the distance seem unfinished and painted in passing.

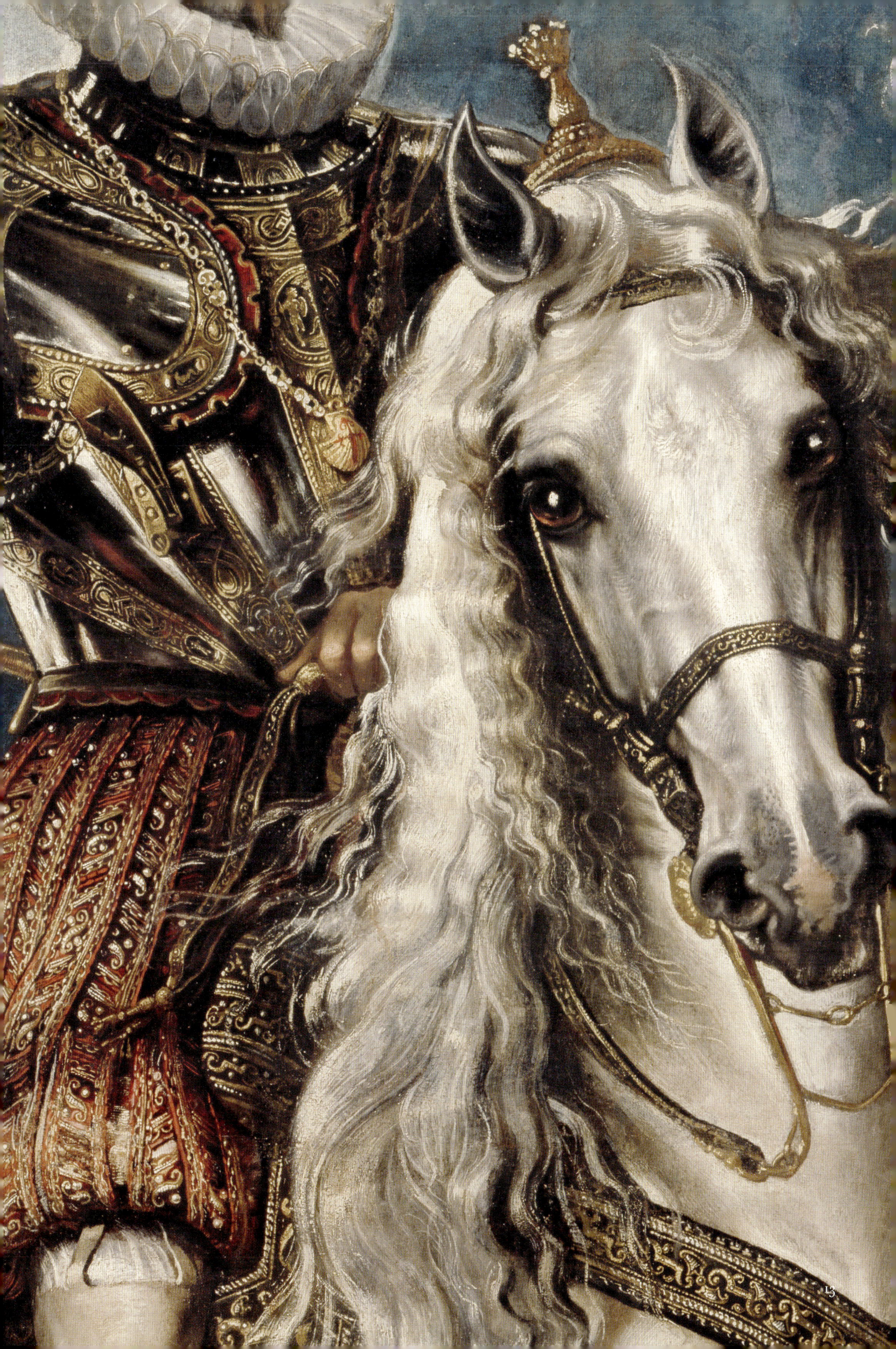

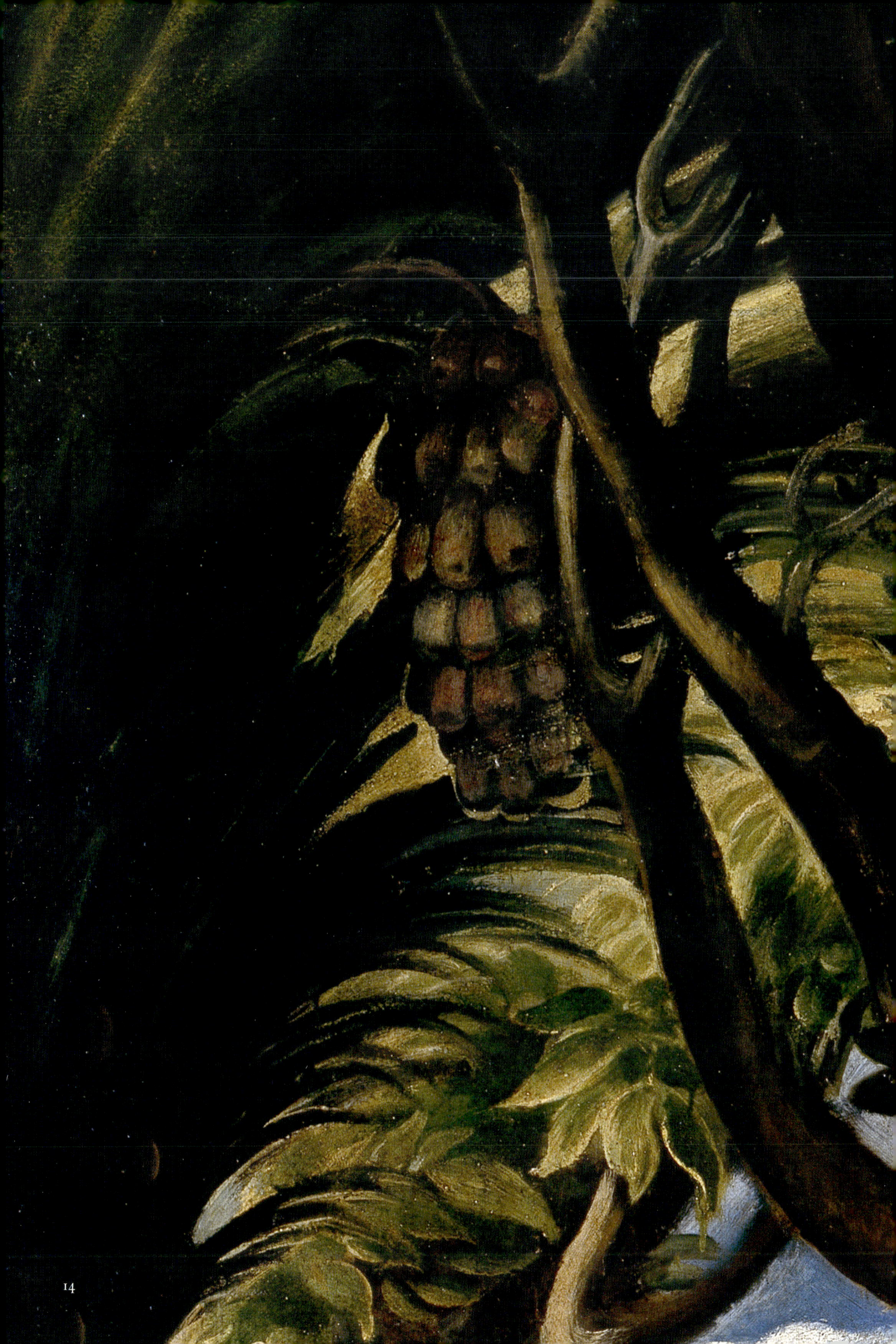

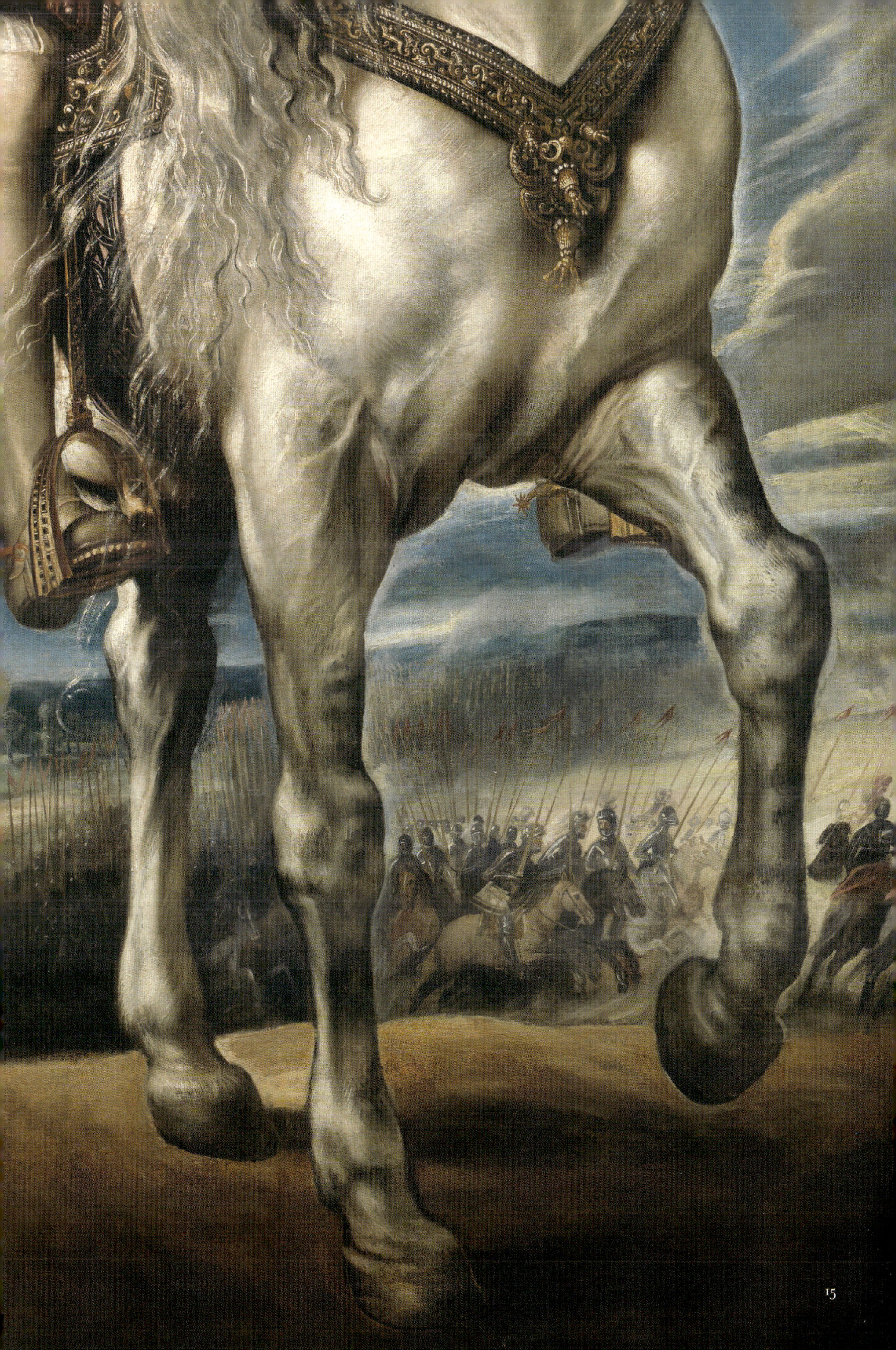

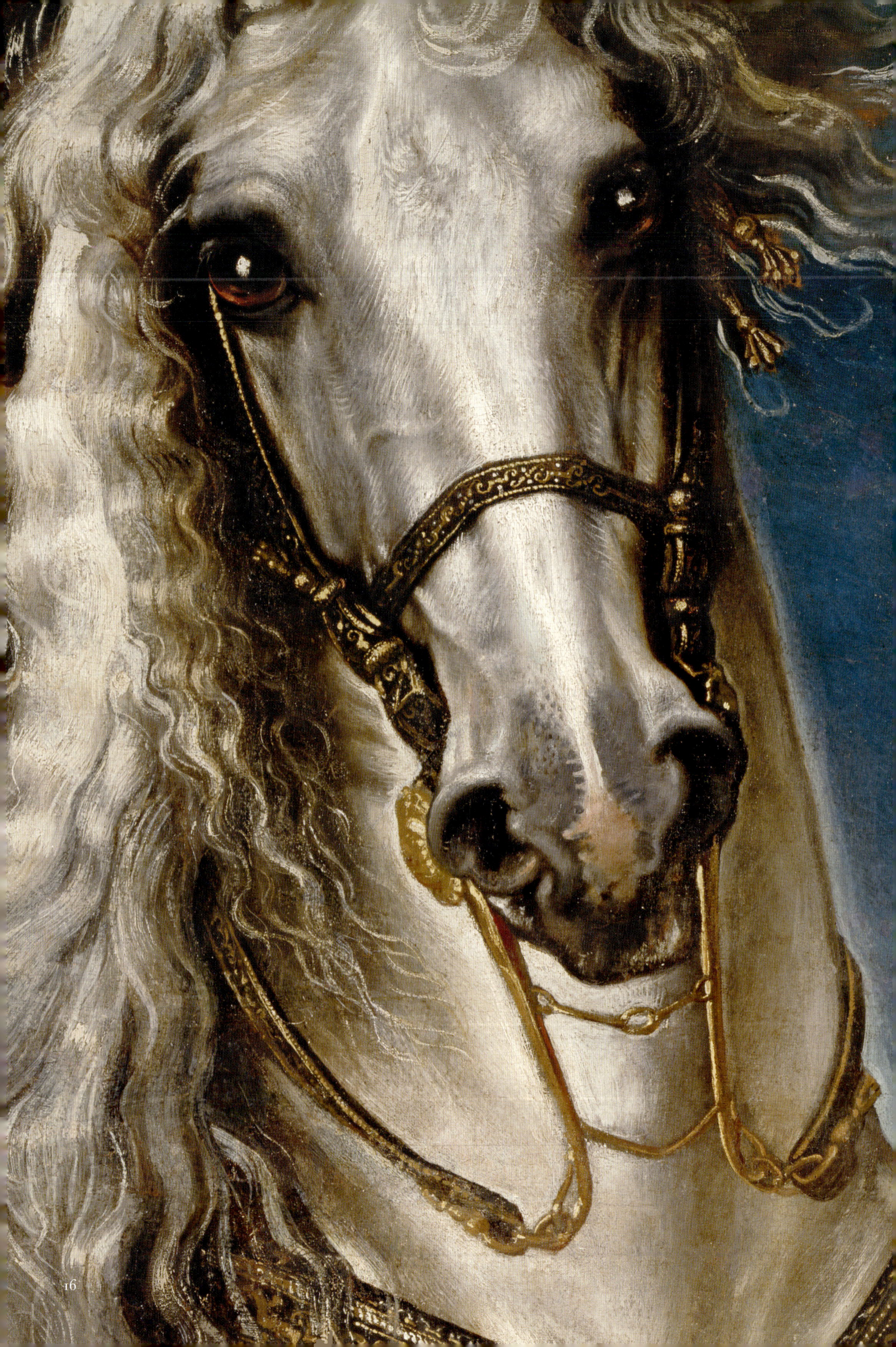

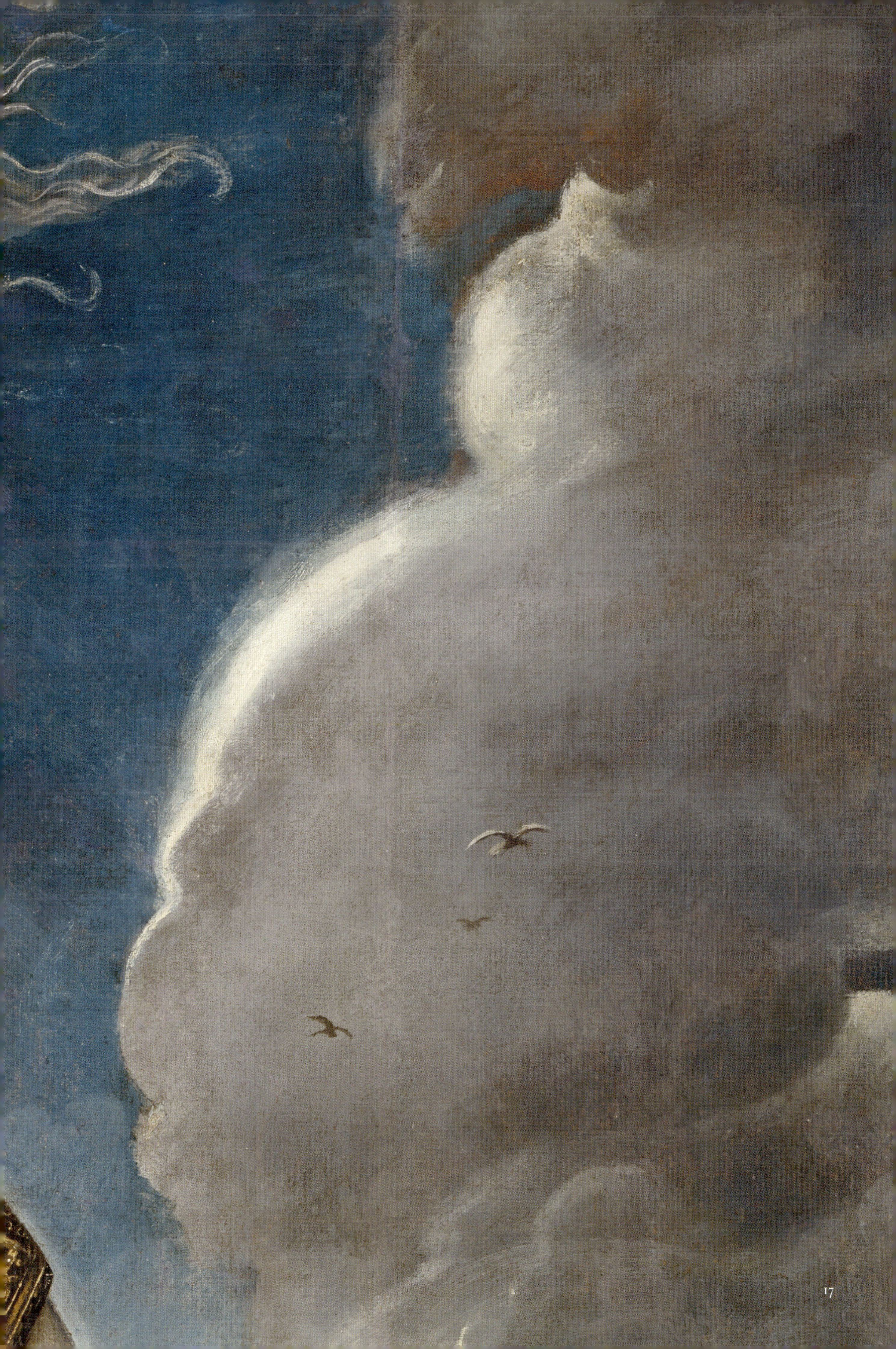

De kruisafneming
Triptych of the Descent from the Cross

1611-1614

In de zomer van 1609 keerde Peter Paul Rubens, die in Italië verbleef, in allerijl naar Antwerpen terug omdat zijn moeder ernstig ziek was. Voor zijn vertrek naar het Zuiden was Antwerpen nog sterk getekend door de gevolgen van de oorlog tussen Spanje en de Noordelijke Provincies, maar bij zijn thuiskomst was de Scheldestad dankzij het Twaalfjarig Bestand met de Republiek der Verenigde Nederlanden in een gunstige conjunctuur terechtgekomen. Rubens plukte de vruchten van die heropleving. Hij werd al in september 1609 tot hofschilder van aartshertog Albrecht benoemd en kreeg ook in zijn thuisstad tal van opdrachten van notabelen. Zo bestelde Cornelis van der Geest bij hem een drieluik met de kruisoprichting voor het hoogaltaar van de Antwerpse Walburgiskerk. In maart 1611, nog voor de voltooiing van dat indrukwekkende drieluik, ontving de kunstenaar van het invloedrijke Antwerpse schuttersgilde (de kolveniers), wiens hoofdman burgemeester Nicolaas Rockox (1560-1640) was, een minstens even ambitieuze opdracht voor een altaarretabel. Ook dit werk moest een groot drieluik worden; het was bestemd voor het altaar van het in 1490 opgerichte kolveniersgilde, dat sinds het begin van de 16e eeuw een kapel in de kathedraal bezat. Het vorige altaarstuk van deze kapel was kennelijk tijdens de Beeldenstorm van 1566 vernield. Rubens ondertekende het contract in september 1611 en ging meteen aan de slag. Precies één jaar later verscheen het voltooide middenpaneel met de indrukwekkende scène van de kruisafneming in de kathedraal. Het was een van de belangrijkste vroege bijdragen tot de contrareformatorische beeldpropaganda in Vlaanderen. De zijluiken, met aan de binnenkant het *Bezoek van Maria aan Elisabeth* (links) en de *Opdracht van Jezus in de tempel* (rechts) en aan de buitenzijde *De heilige Christophorus*, werden pas in 1614 voltooid.

Rubens gaf de kruisafneming een donkere achtergrond met een zwaarbewolkte hemel en een roodachtig avondlicht boven de lage horizon. Vanaf twee tegen het kruis aanleunende ladders buigen knechten zich over de kruisarmen om het stoffelijk overschot van Christus in een lijkwade te wikkelen en voorzichtig neer te laten. Links grijpt Jozef van Arimathea vanaf de ladder het doodsla-

In the summer of 1609, Peter Paul Rubens returned in great haste from Italy to Antwerp due to his mother's serious illness. Before he left for the south, Antwerp was still suffering badly from the consequences of the war between Spain and the United Provinces of the Netherlands, but upon his return, it was experiencing a renewed boom due to the Twelve-Year Truce. Rubens managed to derive considerable profit from the improved situation. As early as September 1609, he was appointed court painter to Archduke Albrecht and many notables in his hometown commissioned many works from him. The Triptych with the Elevation of the Cross was commissioned by Cornelis de Geest for the high altar of Antwerp's St Walburgis Church. In March 1611, even before completion of this monumental triptych, Rubens was commissioned by the city's influential riflemen's guild (the Kolveniers), founded in 1490 and whose guild master was the mayor, Nicolaas Rockox (1560-1640), to paint a no less ambitious altarpiece.

This work was also supposed to be a magnificent triptych, intended to adorn the altar of the guild, which had erected a chapel in the cathedral at the beginning of the sixteenth century. Most likely, the previous altarpiece had been destroyed in the iconoclastic outbreak of 1566. Rubens signed the contract in September 1611, and began working immediately. After exactly one year, the completed central panel with the imposing depiction of the *Descent from the Cross* was installed in the cathedral. With this work, Rubens provided one of the most important early contributions to Counter-Reformation pictorial propaganda in Flanders. The wings, with the *Visitation* (left) and the *Presentation of Jesus at the Temple* (right) on the inside, and *Saint Christopher* on the outside, were only completed in 1614.

Rubens composed the *Descent from the Cross* against the dark background of the overcast night sky with the last glow of dusk still apparent over the low horizon. Wooden ladders lean against the Cross on both sides, while two men, each bending over an arm of the Cross, gently lower Christ's dead body into the shroud. On the left, Joseph of Arimathea is holding one corner of the shroud in his right hand, while his left hand supports the shoulder of the dead Christ. On the

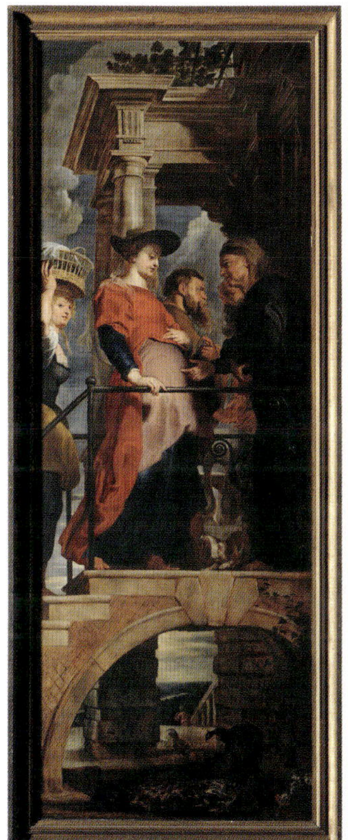
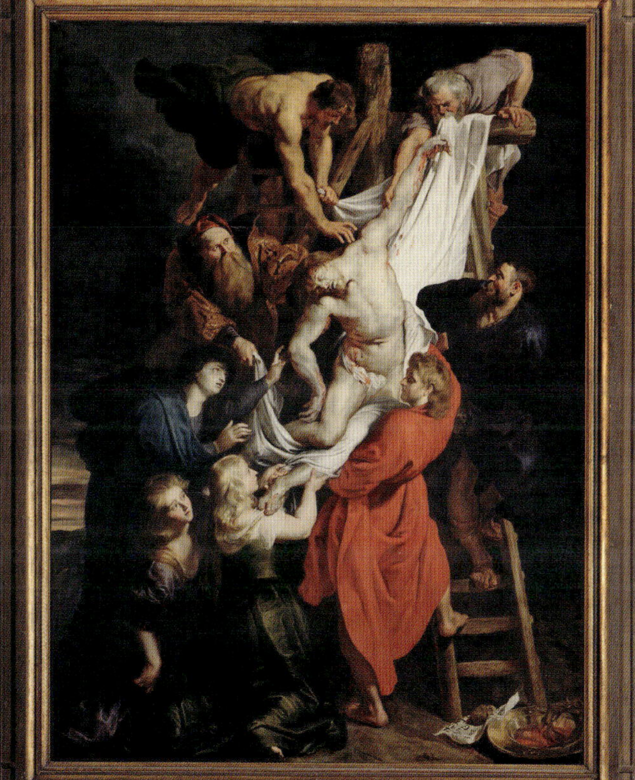
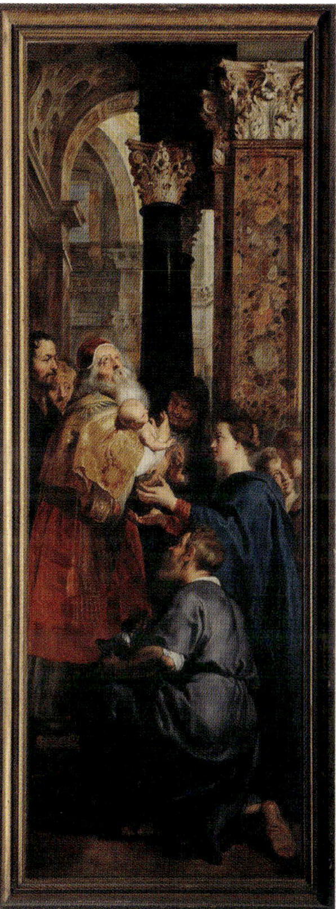

Olieverf op paneel, 420 x 310 cm (middenpaneel), 420 x 150 cm (zijluiken), Antwerpen, Onze-Lieve-Vrouwekathedraal
Oil on wood, 420 x 310 cm (central panel), 420 x 150 cm (wings) Antwerp, Onze-Lieve-Vrouwekathedraal

ken vast terwijl hij het lichaam van de gekruisigde bij de schouder ondersteunt. Rechts spant ook de farizeeër Nicodemus zich in om de dode zo zacht mogelijk in de armen van de apostel Johannes te geven. Maria Magdalena, tot slot, helpt Johannes bij het opvangen van Christus. Rechts onderaan staat een geelkoperen schaal met bloed en de doornenkroon, met daarnaast de spons en het opschrift *inri*. Deze voorwerpen verwijzen naar het hele passiegebeuren.

De monumentale, meer dan vier meter hoge voorstelling getuigt van een buitengewoon dramatisch talent. Rubens gaf de episode uit het

right, Nicodemus the Pharisee helps to lower Christ's body as gently as possible into the hands of John the Evangelist, while Mary Magdalene helps John to hold Christ's body. In the lower right corner can be seen a brass bowl containing blood and the crown of thorns, along with the sponge and the notice with the inscription *inri*, objects with which Rubens alludes to the preceding Passion narrative.

The monumental composition, which is larger than life-size (the painting is more than four metres high) illustrates the dramaturgical skill of the painter, who here reproduces the biblical

Nieuwe Testament in een zeer geconcentreerde vorm weer en legde een krachtige diagonale beweging in de compositie. Naar het voorbeeld van Caravaggio en Titiaan paste hij een contrastrijke belichting toe met de focus op het naakte lichaam van Christus en zijn wonden. Het lijkt alsof dit licht op de hem omringende figuren afstraalt.

Reeds vanaf de 18e eeuw werd in de literatuur over de Antwerpse *Kruisafneming* opgemerkt dat alle figuren in Rubens' drieluik in feite *christophoren*, 'dragers van Christus', zijn. Dit motief wordt al meteen duidelijk in de monumentale uitbeelding van de heilige Christoffel (Christophorus), de schutspatroon van het kolveniersgilde, op de buitenkant van de luiken - de meest getoonde kant, want de triptiek was gewoonlijk gesloten.

De overige voorstellingen van het retabel zijn als het ware variaties op het thema. Zo draagt Maria het ongeboren Jezuskind in haar schoot wanneer zij Elisabeth een bezoek brengt en neemt de vrome Simeon in de tempel het kind in de armen, waardoor ook hij een Christusdrager wordt. Zowel de voorstelling van Sint-Christoffel als het landschap in de achtergrond van de kruisafneming heeft een in de kleuren van het laatste zonlicht gehulde einder. Bovendien ligt de horizonlijn op gelijke hoogte zodat beide taferelen zich in hetzelfde landschap lijken af te spelen. Dit compositorische verbindingselement bekrachtigt de inhoudelijke samenhang die door het *christophoor*-motief wordt bewerkstelligd.

event in particularly concentrated form. The composition and its figures form a powerful diagonal movement. Following Caravaggio and Titian, Rubens used strong tonal contrasts between light and dark, particularly in his portrayal of Christ's naked body and wounds, making it seem as though this light is shining on the other surrounding figures.

As early as the eighteenth century, art writers recognized that Rubens had formulated the figures of his Antwerp *Descent from the Cross* as carriers of Christ (*Christophoroi*). This theme immediately catches the eye in the monumental depiction of St Christopher (Christophorus), the patron saint of the riflemen's guild, on the exterior of the wings—the side most shown as the triptych was usually closed.

The other representations of the altarpiece are variations of this theme: the Virgin Mary is carrying the unborn Christ child in her womb when she meets St Elizabeth in the Visitation scene and the prophet Simeon takes Christ in his arms in the temple, thus becoming the carrier of Christ in his turn. The background of the St Christopher picture, coloured in the red glow of dusk, corresponds with the colours of the horizon of the Descent. Moreover, both horizons are at the same height, creating the impression that both scenes are taking place in the same landscape. This compositional connecting element reinforces the existing intrinsic correlation created by the Christopher motif.

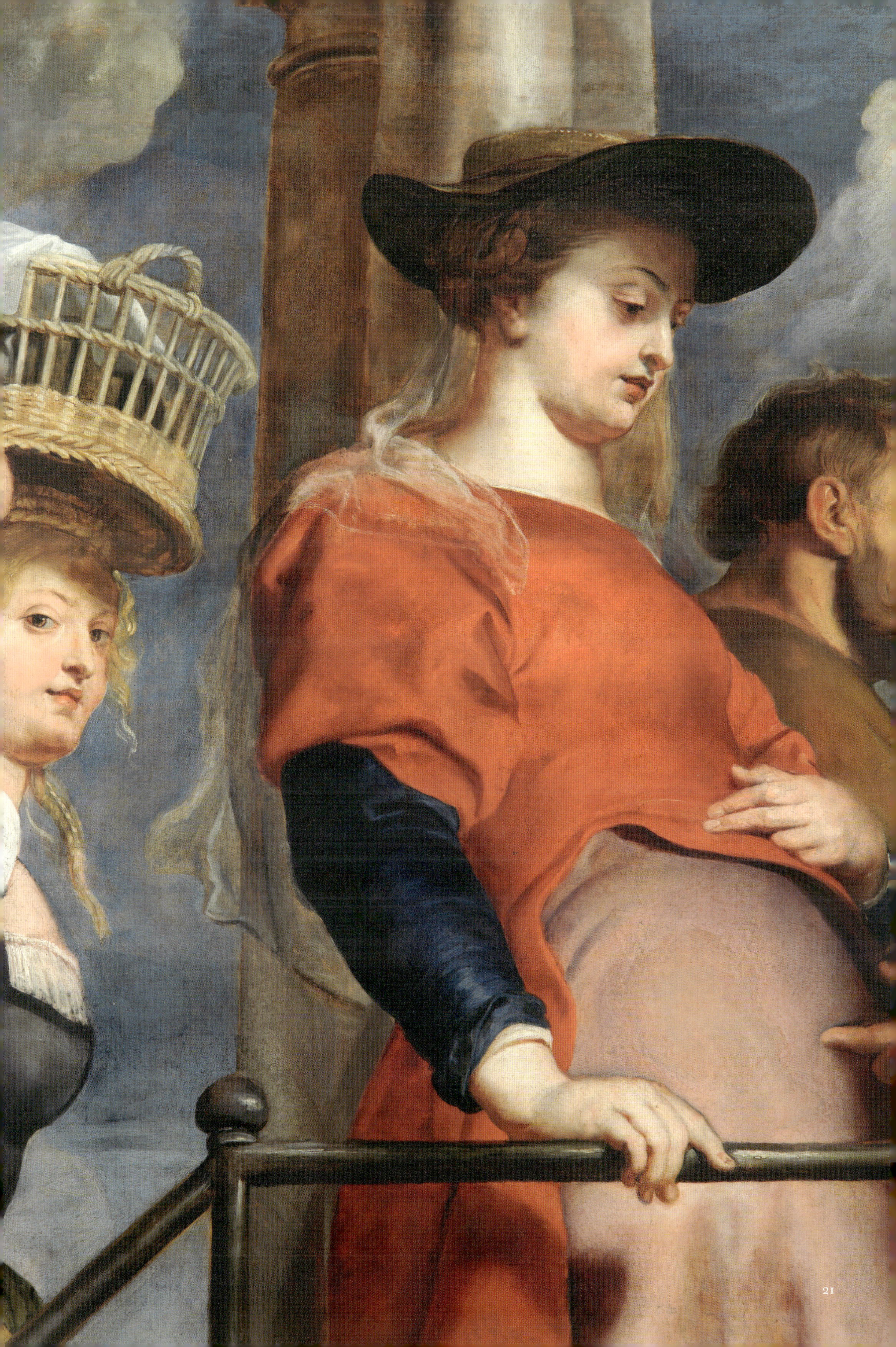

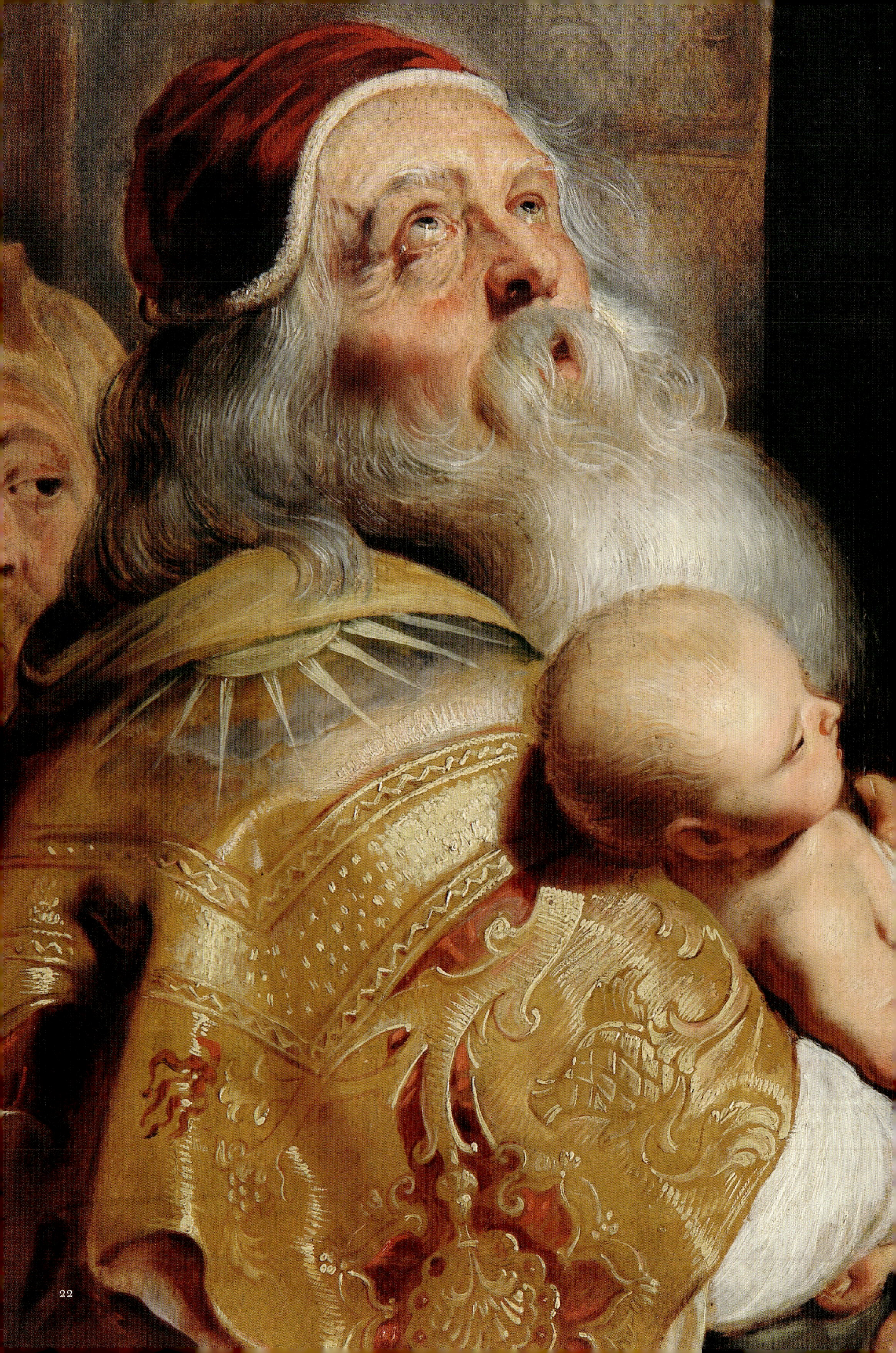

In het teken van de Christusdragers

The Carriers of Christ

Op het rechterluik van *De kruisafneming* (p. 22) is afgebeeld hoe Simeon, die in de apocriefe evangeliën als een hogepriester wordt getypeerd, in de tempel Jozef en Maria ontmoet en hun kind herkent als 'de Gezalfde des Heren' (Lc. 2,22-25). Diep ontroerd en gelukkig houdt hij de kleine Jezus in zijn armen. Met enkele witte accenten in de ogen van de grijsaard geeft Rubens diens vreugde en dankbaarheid weer.

Simeon is, conform de apocriefe overlevering, gekleed in het liturgische gewaad van een joodse hogepriester. Een volle witte baard en lange witte lokken die golvend van onder zijn kipa neervallen, omkransen zijn gelaat. De twee aanwezigen uiterst links - vooraan de Antwerpse burgemeester Nicolaas Rockox, hoofdman van de kolveniers (het schuttersgilde) - kijken verwonderd naar het gebeuren. Intussen knielt Jozef eerbiedig neer met in zijn handen een koppel duiven, die de overgang van het oude naar het nieuwe verbond symboliseren (p. 33).

Dit tafereel heeft als tegenhanger op het linkerluik een eerder moment uit het leven van Maria, de zogeheten Onze-Lieve-Vrouwevisitatie, waarbij de zwangere Maria een bezoek brengt aan haar oudere nicht Elisabeth, die eveneens een kind verwacht. Rubens heeft deze Bijbelse passage dramatisch geënsceneerd door het nadrukkelijk lage gezichtspunt (p. 21). Gekleed in een rode overjurk, met een modieuze hoed op het hoofd en vergezeld van Jozef en een dienstmaagd, arriveert Maria bij een portiek boven aan een trap, waar zij door Elisabeth wordt verwelkomd. Met een zacht gebaar wijst Elisabeth naar Maria's bolle buik, terwijl zij zegt: 'Gij zijt gezegend onder de vrouwen en gezegend is de vrucht van uw schoot' (Lc. 1,42). Rubens gaf de Moeder Gods een introverte expressie, die haar als ootmoedig karakteriseert, in contrast met de levenslustige uitdrukking van de dienstmaagd.

De boog onder de trap biedt uitzicht op een lager gelegen weids landschap, waarvan het kleurengamma doet denken aan de Venetiaanse schilderkunst die Rubens enkele jaren tevoren in Italië had leren kennen. De pauw gold als een metafoor voor Christus en de onsterfelijkheid; de haan, eveneens een zinnebeeld van Christus, werd geassocieerd met de overwinning van het licht op de duisternis en met Christus' verrijzenis uit de dood. De herder die een trap afdaalt - naar zijn kudde toe? - lijkt over Gods mooie natuur uit te kijken (p. 31). Tussen de minzame samenkomst van Maria en

The right-hand wing of the Antwerp *Descent from the Cross* (p. 22) depicts Simeon, who is described as a high priest in the apocryphal gospels, meeting Mary and Joseph in the Temple and recognizing their child as the Lord's Anointed (Luke 2:22–25). Deeply moved and in bliss, Simeon holds the Christ child in his arms. With just a few white highlights in the old man's eyes Rubens reflects Simeon's joy and gratitude.

Rubens shows Simeon clothed in the liturgical garments of the Jewish high priest, and thus follows the apocryphal tradition. His fleshy face is framed by a thick white beard and white hair locks streaming from beneath his skullcap. The two onlookers to Simeon's left—in the front the mayor of Antwerp, Nicolaas Rockox, leader of the Kolveniers (the riflemen's guild)—watch the proceedings with amazement, while at his feet Joseph kneels and grasps the two doves in both hands, symbolizing the transition from the Old to the New Covenant (p. 33).

In contrast to the depiction of the Presentation on the right-hand wing, the left-hand wing shows an earlier moment from the Virgin's life, known as the Visitation, in which the pregnant Mary visits her elder cousin Elizabeth, who is herself carrying a child. Showing it from a particularly low angle, Rubens staged this biblical scene in a highly dramatic way (p. 22). With a fashionable hat, the Virgin, in a red dress, accompanied by Joseph and a maid, arrives in front of a balustrade of a staircase, where she is welcomed by Elizabeth. Elizabeth gently touches Mary's swollen belly and says the words: 'Blessed art thou among women, and blessed is the fruit of thy womb' (Luke 1:42). The pert look on the face of the young maid contrasts with the introverted facial expression of the Virgin, whom Rubens portrays as extremely modest.

Beneath the staircase a view opens up over a lower-lying landscape with a broad horizon; its coloration recalls the Venetian paintings that Rubens had encountered in Italy several years earlier. The peacock is a metaphor of Christ and immortality; the cockerel, also a symbol of Christ, was associated with the victory of light over darkness and with Christ's resurrection from the dead. The shepherd descending from a staircase—perhaps in the direction of his herd—seems to be admiring God's divine creation of nature (p. 31).

Elisabeth en de vreugdevolle opdracht in de tempel beeldde Rubens de bedrukkende kruisafneming af (pp. 26-27). De donkere stemming van dit enorme paneel ligt niet aan een stijlevolutie van de kunstenaar (hij voltooide de zijluiken pas in 1614, twee jaar na de levering van het middenpaneel), maar werd bewust zo door Rubens bedacht. Door de originele compositie met de sterk contrasterende belichting, die er een essentieel vormgevend element van is, wordt de blik van de toeschouwer onontkoombaar naar het dode lichaam getrokken. De schilder gaf niet alleen de droefheid van Maria, Johannes, Magdalena en de overige helpers weer ,maar verbeeldde tegelijk hun fysieke deelneming aan het gebeuren door middel van de reikende beweging van hun handen en armen om de gestorven Heiland heen. Overigens doet de verstrengeling van de lichamen aan antieke sculpturen denken, bijvoorbeeld aan de Vaticaanse Laocoöngroep.

Naast deze verwijzing naar de antieken citeerde Rubens ook zichzelf, met name in de figuur van de oude Simeon, die in meerdere opzichten lijkt op de heilige Gregorius van het retabel voor het hoofdaltaar van Santa Maria in Vallicella, de 'Chiesa Nuova' van de oratorianen te Rome - een werk dat de Vlaamse meester op slag beroemd had gemaakt in heel Europa. De architectuur van de joodse tempel met het kleurige marmer, de Korinthische kapitelen en de vieringkoepel die het licht overvloedig laat binnenstromen (p. 32) herinneren aan de antieke bouwkunst, maar meer nog aan de kerken van de jezuïetenorde, die in Rubens' tijd conform de vereisten van de Contrareformatie werden opgetrokken. Een allusie op Rome als centrum van de christenheid was hier zeker niet misplaatst, aangezien het altaarstuk een ouder retabel diende te vervangen dat tijdens de Beeldenstorm door de calvinisten was vernield.

Bij de keuze van de iconografische thema's voor dit drieluik, waarin het kapittel van de Onze-Lieve- Vrouwekerk zijn zeg had, werd rekening gehouden met de richtlijn van het Concilie van Trente dat op altaarschilderijen alleen theologische voorstellingen en scènes uit het Nieuwe Testament mochten worden afgebeeld. De heilige Christophorus, patroon van het Antwerpse kolveniersgilde dat het altaarstuk bij Rubens besteld had, moest dan ook genoegen nemen met de buitenkant van de zijluiken.

Rubens placed the gloomy *Descent from the Cross* (pp. 26-27) between the peaceful Visitation of the Blessed Virgin Mary and the joyful Presentation in the Temple. The dark atmosphere of the monumental central panel is not due to any stylistic development on the part of the master (he completed the wings in 1614, two years after completion of the central panel), but rather was a conscious choice on Rubens's part. The original composition with strong tonal contrasts, which are an essential compositional element, inevitably draws the gaze of the beholder to the dead body of Christ. Rubens showed not only the grief of Mary, John, the Magdalena and the other helpers, but at the same time their physical participation in what is happening, as their hands and arms wind around the limbs of the dead Saviour. This entwining of the bodies is reminiscent of ancient sculptures, such as the Laocoön group in the Vatican.

In addition to referring to Antiquity, Rubens also referred to himself, particularly in the depiction of old Simeon, who in various ways resembles the depiction of St Gregory in Rubens's altarpiece at Santa Maria in Vallicella, also known as the Chiesa Nuova of the Oratory in Rome, the work that brought the Flemish artist fame throughout Europe. The architecture of the Jewish Temple with the coloured marble, the Corinthian capitals and the dome, which allows for abundant light penetration (p. 32), echoes classical architecture and especially of the church buildings of the Jesuit order, which accorded in every respect with the demands of the Counter-Reformation of Rubens's time. The reference to Rome as the centre of Christianity was very appropriate as the altarpiece was commissioned to replace one that had been destroyed by iconoclastic Calvinists.

The choice of iconographic themes for this triptych, partly determined by the Belgian Church of Our Lady chapter, was in accordance with the guidelines of the Council of Trent, according to which altarpieces should only depict theological scenes from the New Testament. The patron saint of the donor guild, St Christopher, was thus also banished to a place on the exterior of the wings.

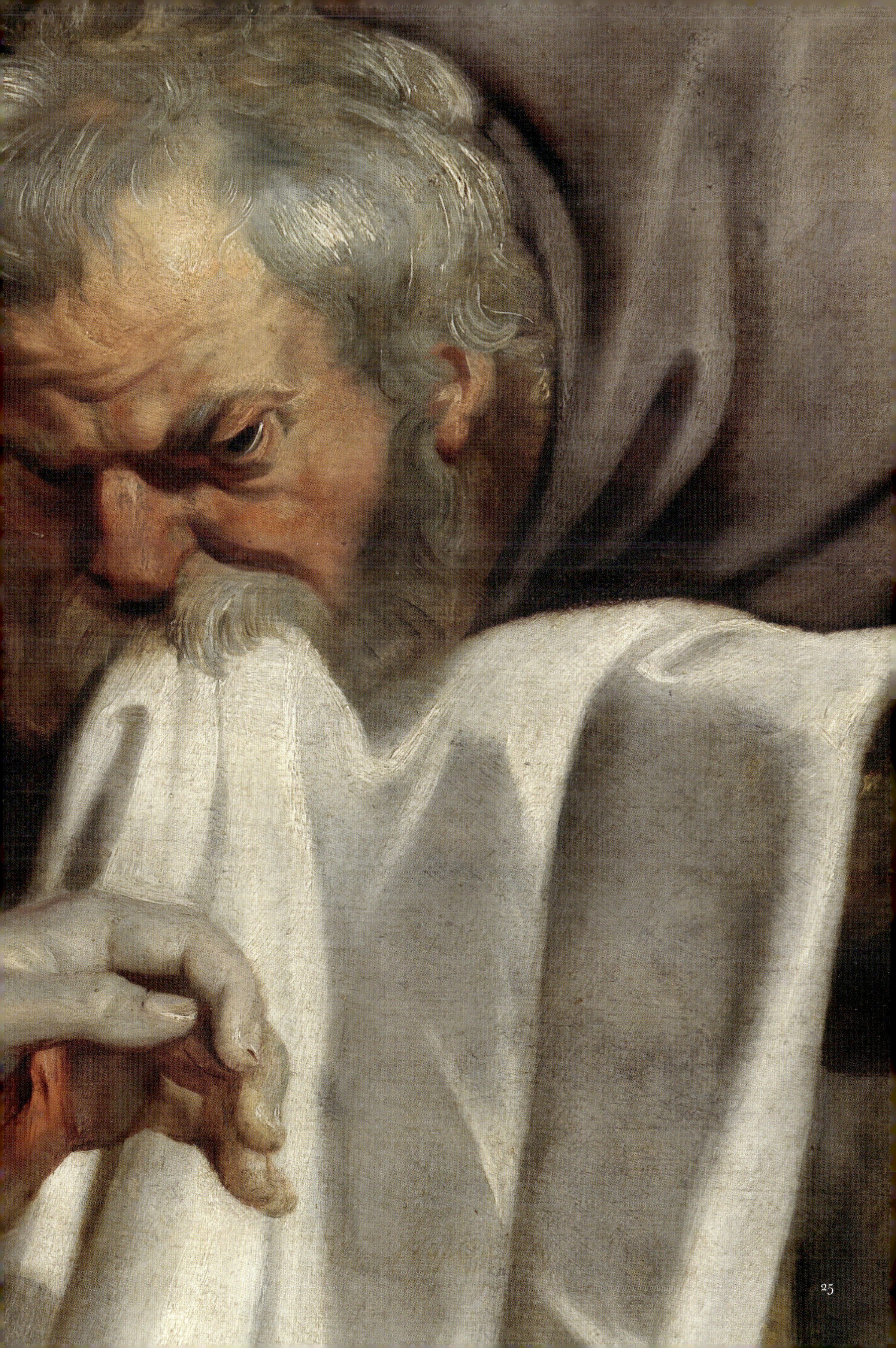

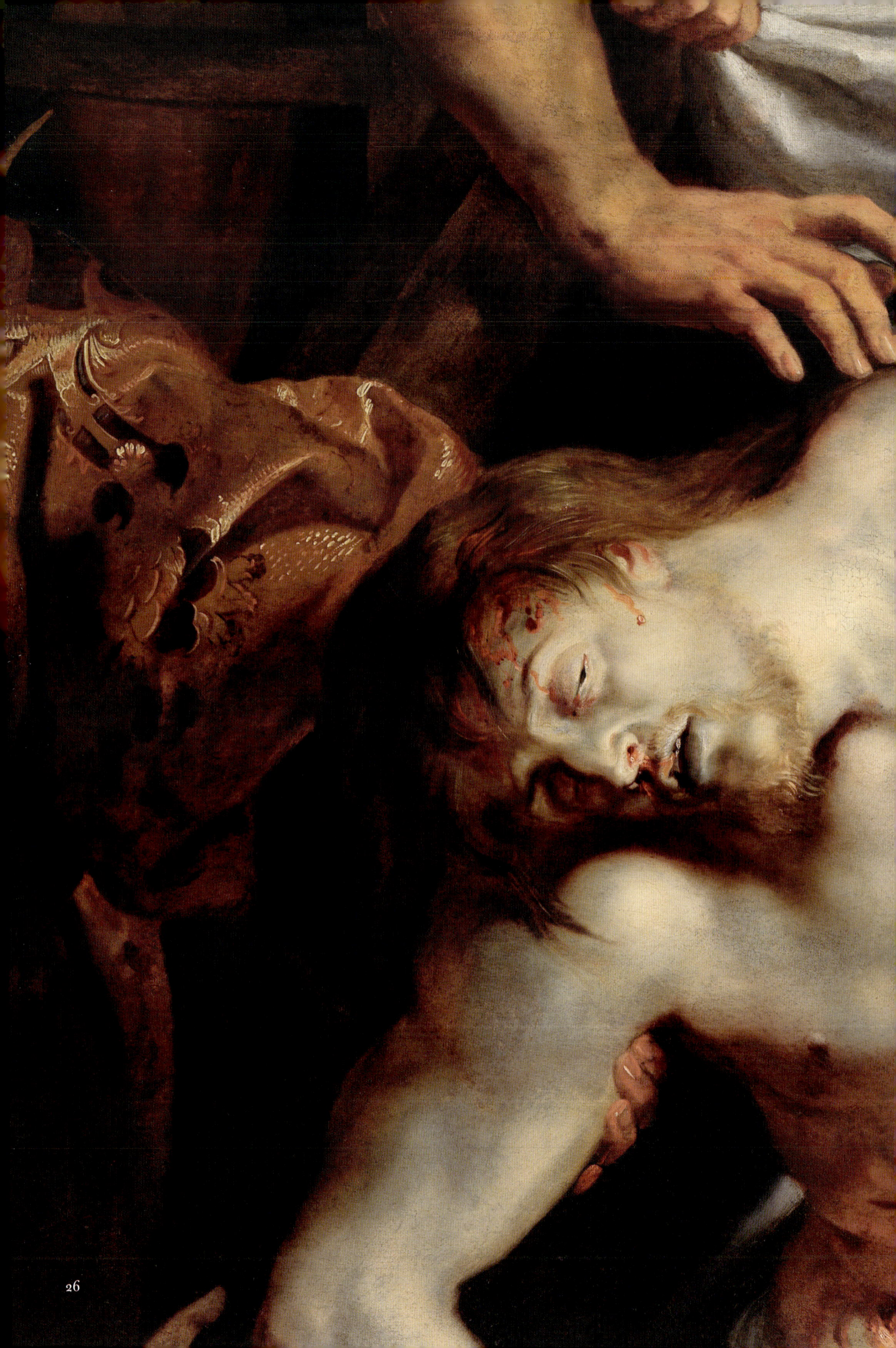

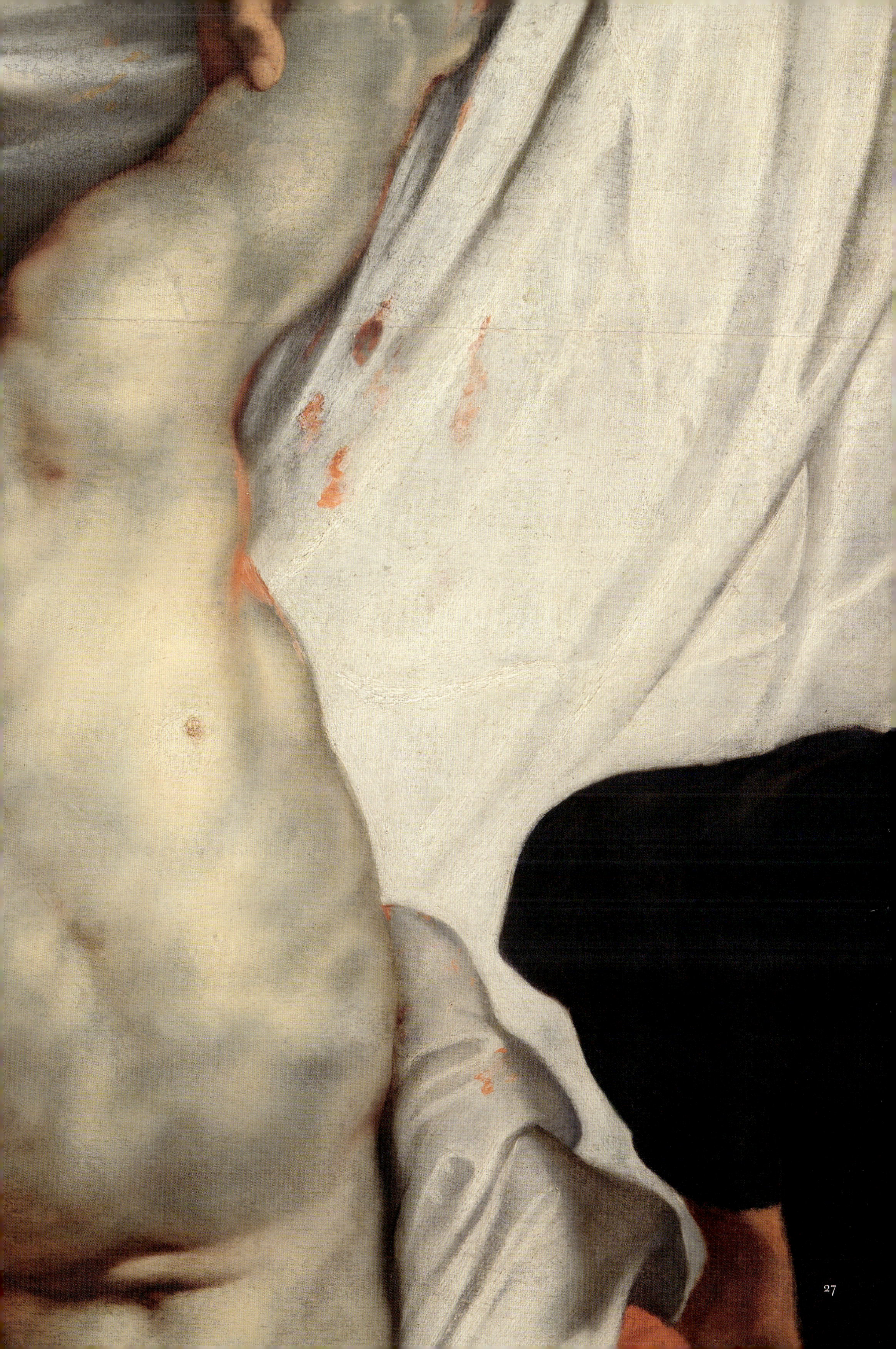

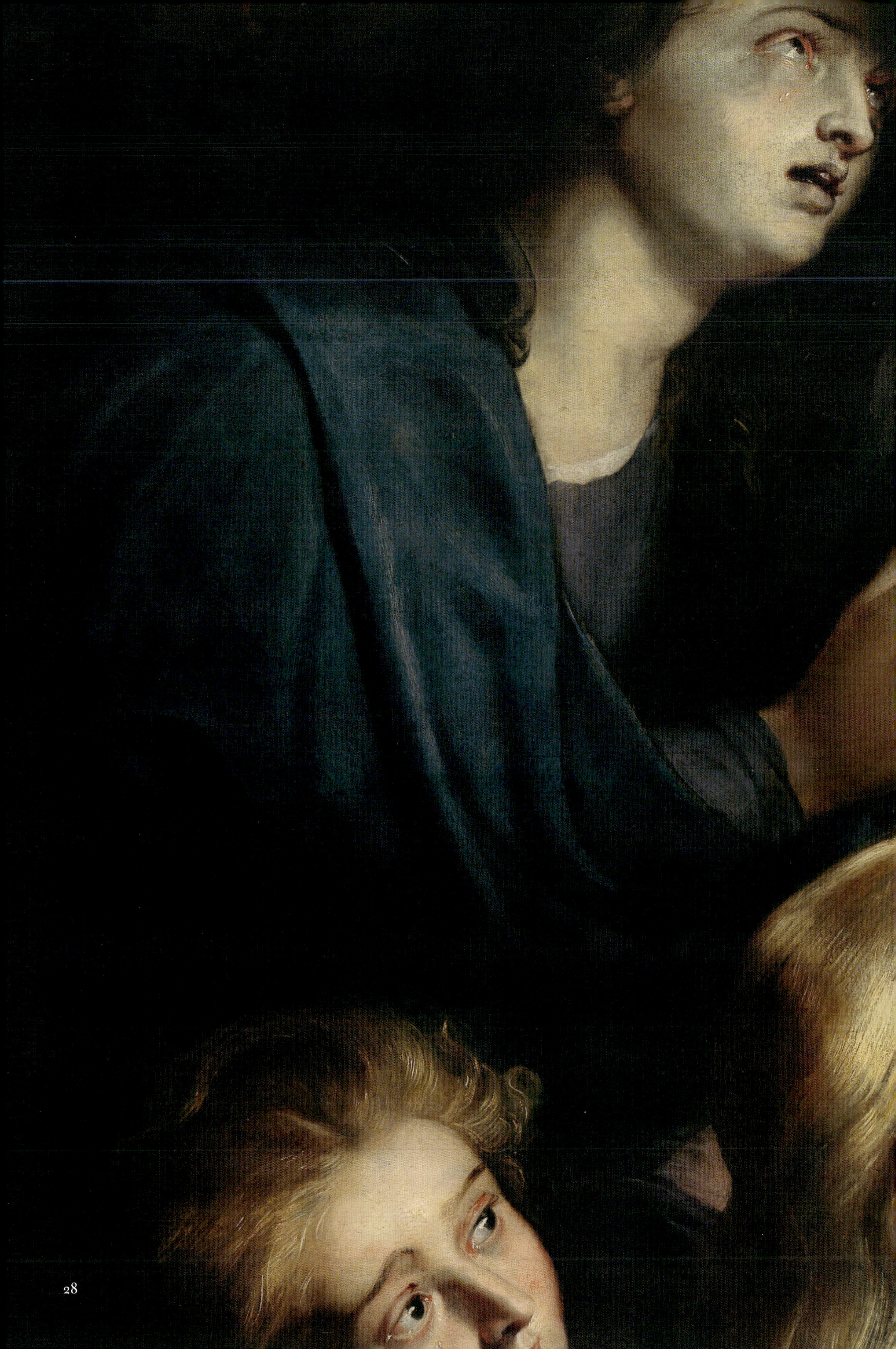

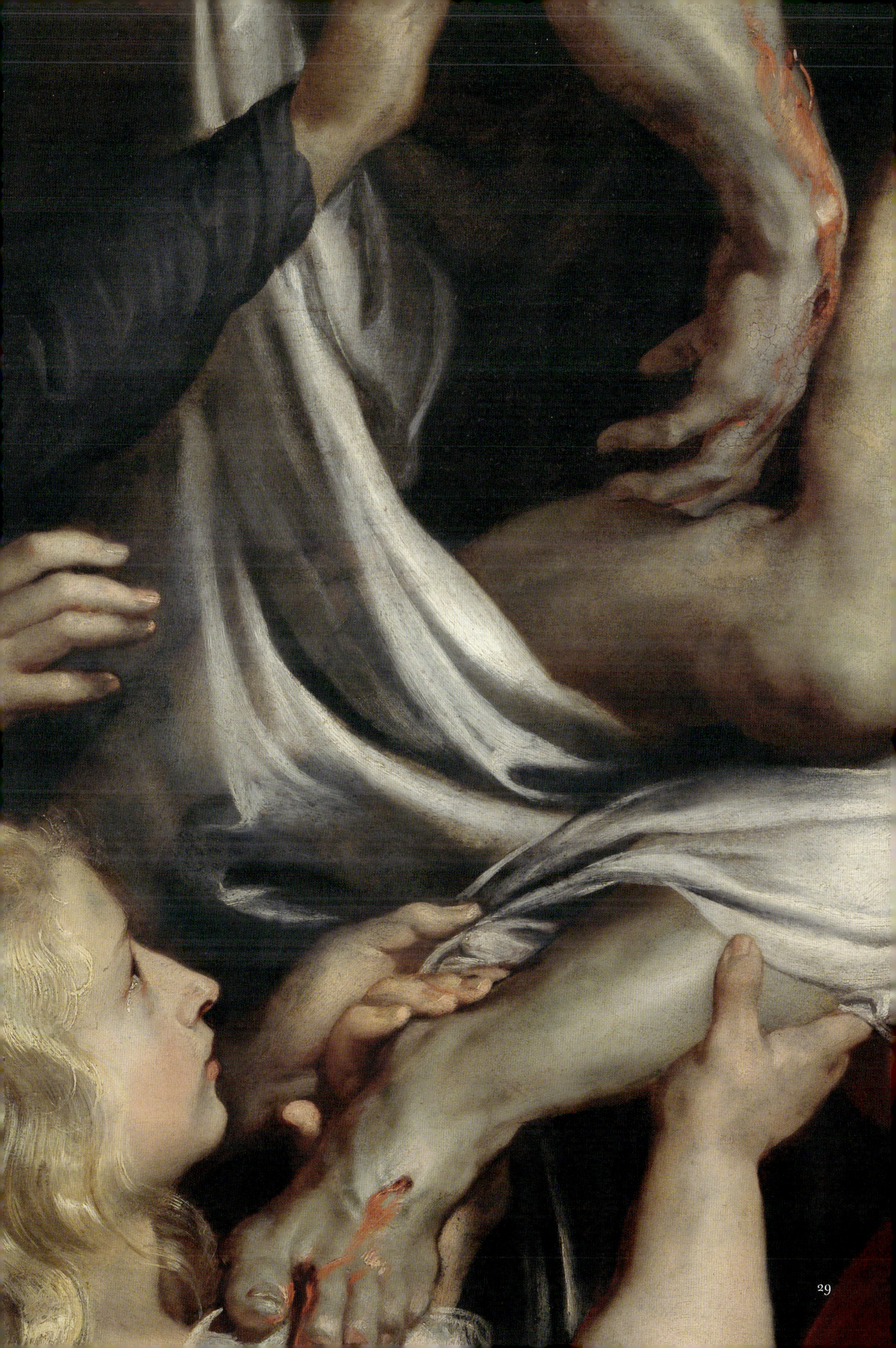

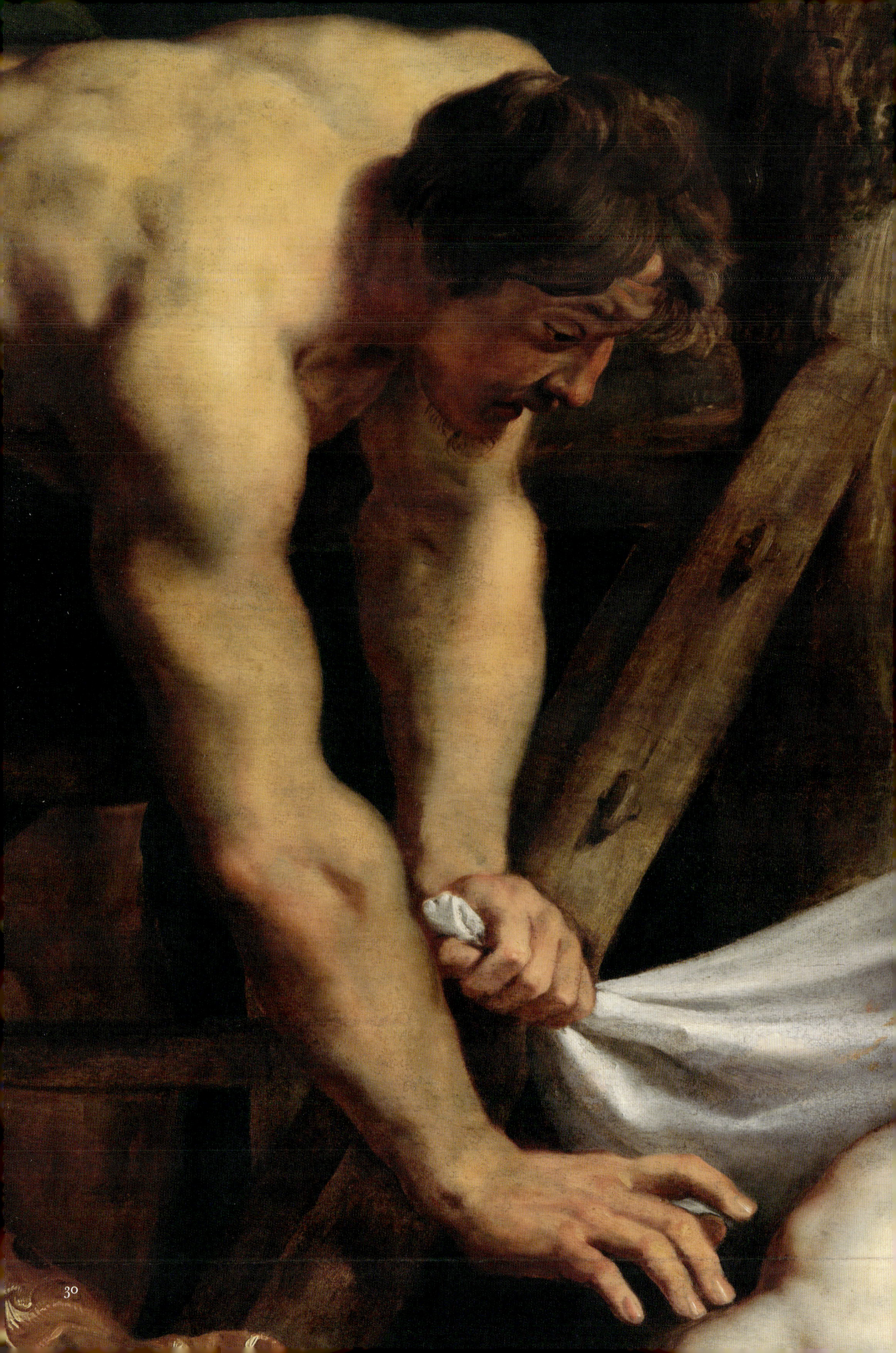

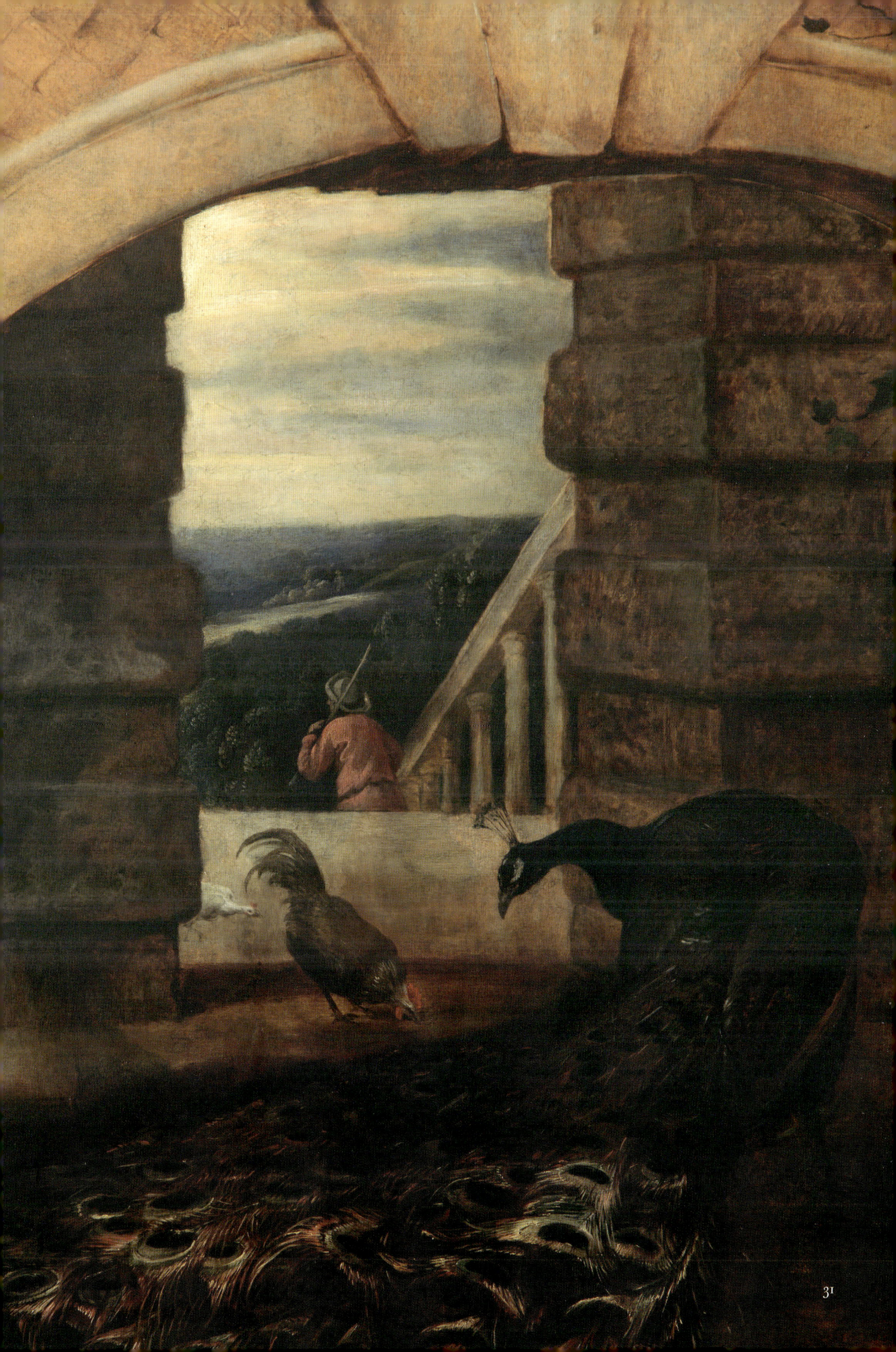

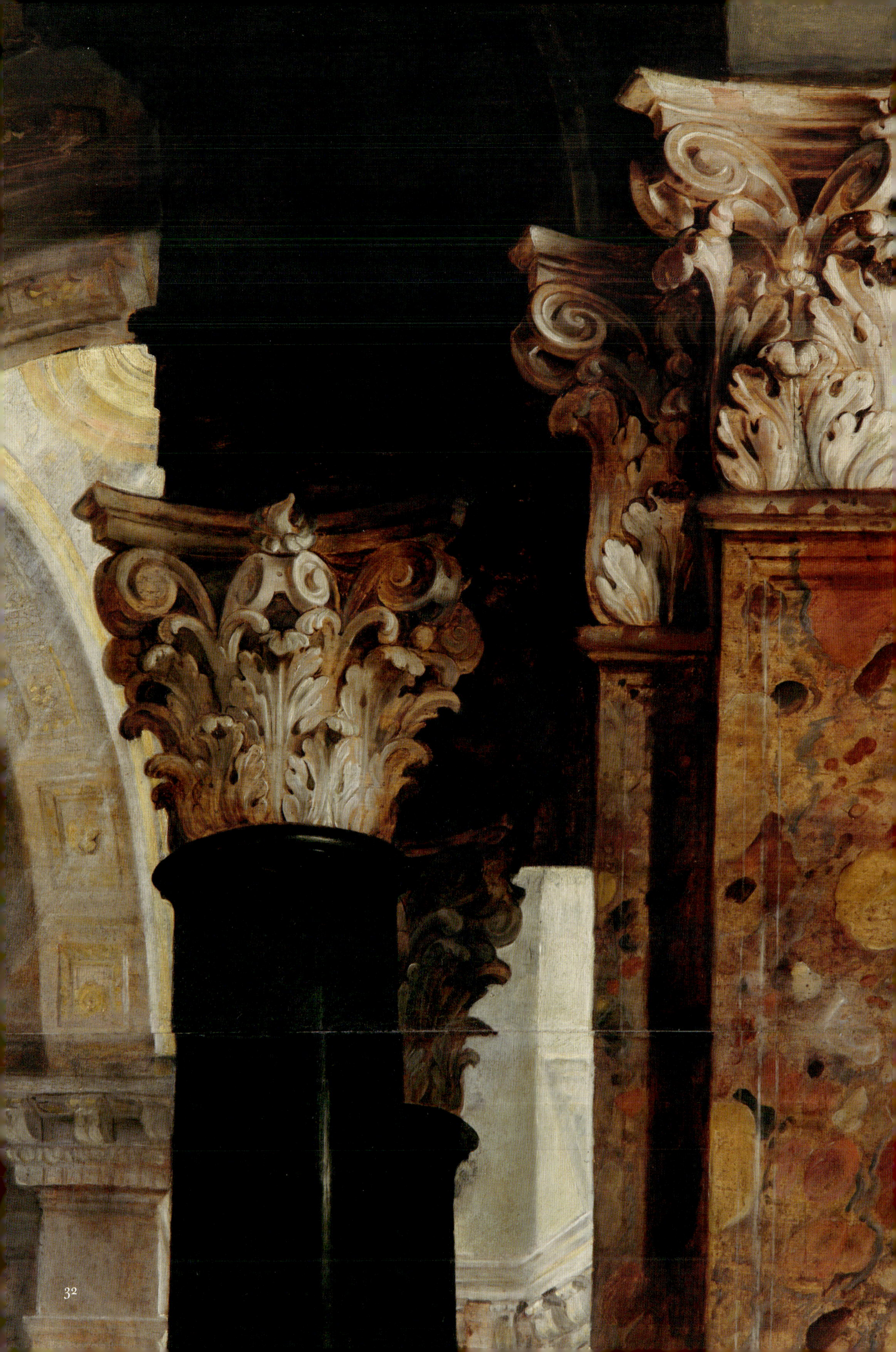

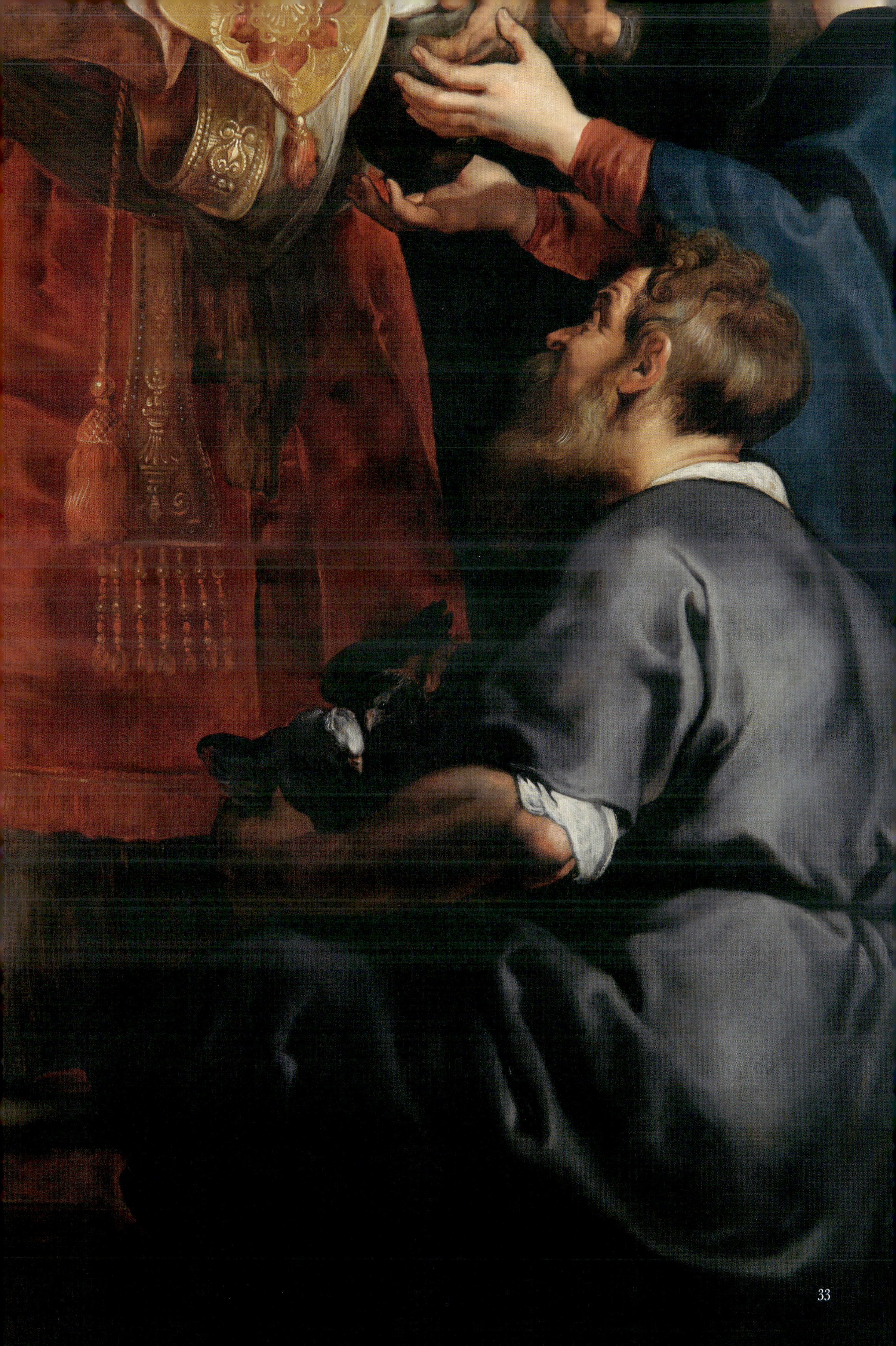

De vier werelddelen
The four continents

ca. 1615

Afgaande op het thema lijkt het niet ondenkbaar dat deze allegorie van de vier continenten ontstond in opdracht van een Antwerpse reder of een internationale koopman in de overzeese handel, die er een representatieve bedoeling mee had. Toch is het veel waarschijnlijker dat het doek deel uitmaakt van de groep werken die Rubens louter op eigen initiatief schilderde. Nadien presenteerde de meester zo'n schilderij soms aan een invloedrijke vriend of een vooraanstaand persoon. Op deze manier kwam *De vier werelddelen*, samen met nog andere werken van Rubens, in 1627 in de verzameling van George Villiers, de hertog van Buckingham, terecht. Villiers was een gunsteling van de Engelse koningen Jacobus I en Karel I, en een van de invloedrijkste mannen van Engeland, tot hij in 1628 werd vermoord. Rubens ontmoette de hertog voor het eerst in Parijs in 1625 en kreeg al snel grote opdrachten van hem. In 1627 verkocht hij aan Buckingham een groot deel van zijn privécollectie, waartoe niet alleen schilderijen maar ook antieke beelden behoorden.

De vier werelddelen is zonder enige twijfel op antieke voorbeelden gebaseerd, met name op de friezen van Romeinse sarcofagen. Het werk ontstond omstreeks 1615 in Antwerpen, in een periode die voor Rubens zowel op persoonlijk als op professioneel gebied bijzonder voorspoedig was, na zijn terugkeer uit Italië in 1609 en voordat hij in 1621 de grote schilderijenreeks over het leven van Maria de' Medici aanvatte. In die jaren stichtte hij een gezin en bouwde zich een prachtig, op Genuese voorbeelden geïnspireerd stadspaleis waar hij een atelier met veel medewerkers leidde. Hij verwierf bekendheid met zijn vernieuwende voorstellingen van mythologische thema's en met zijn portretten, en hij kreeg belangrijke religieuze opdrachten, zoals de zoldering van de Antwerpse jezuïetenkerk en het monumentale drieluik met *De Kruisafneming* in de kathedraal van dezelfde stad (p. 19).

Een werk als *De vier werelddelen* is kenmerkend voor Rubens' Antwerpse periode door het koele coloriet, de superieure compositie, de geperfectioneerde plastische uitwerking van de figuren, de duidelijke contouren en de precieze schilderwijze.
De schilder ontwierp hier heel kundig een gekruiste figurenconstellatie, waarboven een soort zeil is gespannen.

Given the theme, it would be conceivable that Rubens was originally commissioned to create the allegory of the four continents by an Antwerp ship-owner or overseas trader for display purposes; however, this painting is probably one of those that the famous artist painted on his own initiative before offering it to influential friends or highly-placed personages. And so it was that in 1627, the *Four Continents*, together with other paintings by the master, found its way into the collection of George Villiers, Duke of Buckingham, who, as a favourite of the British Kings James I and Charles I, was one of the most influential men in Britain until he was murdered in 1628. The duke first met Rubens in Paris in 1625 and soon commissioned large projects from him. Two years later, the duke acquired a large part of the painter's personal collection, which included antiques.

The *Four Continents* was without a doubt inspired by models from classical Antiquity, particularly by friezes on Roman sarcophagi. It was painted around 1615 in Antwerp, during a particularly successful period in Rubens's life both personally and professionally, after his return from Italy in 1609 and before agreeing to paint the cycle of pictures about the life of Maria de' Medici in 1621. During those years, Rubens started a family and built himself a town mansion based on Genovese models, where he ran a workshop with numerous employees. He became famous for his revolutionary depictions of mythological themes and for his portraits, and received important ecclesiastical commissions, such as the ceiling of the Jesuit church in Antwerp and the monumental triptych depicting the *Descent from the Cross* for the city's cathedral (p. 19).

The *Four Continents*, conspicuous for its cool coloration, superior composition, the perfect expressive qualities of the figures and the precise painting technique with its emphasis on contours, is characteristic of Rubens's Antwerp period. With great skill, the painter composed a circular group configuration beneath a sailcloth dome.

With his painting, Rubens deviated from the traditional depiction of the four continents that was widespread, mainly in prints, at the turn of the seventeenth century. He omitted several similar attributes and focused more on the typical

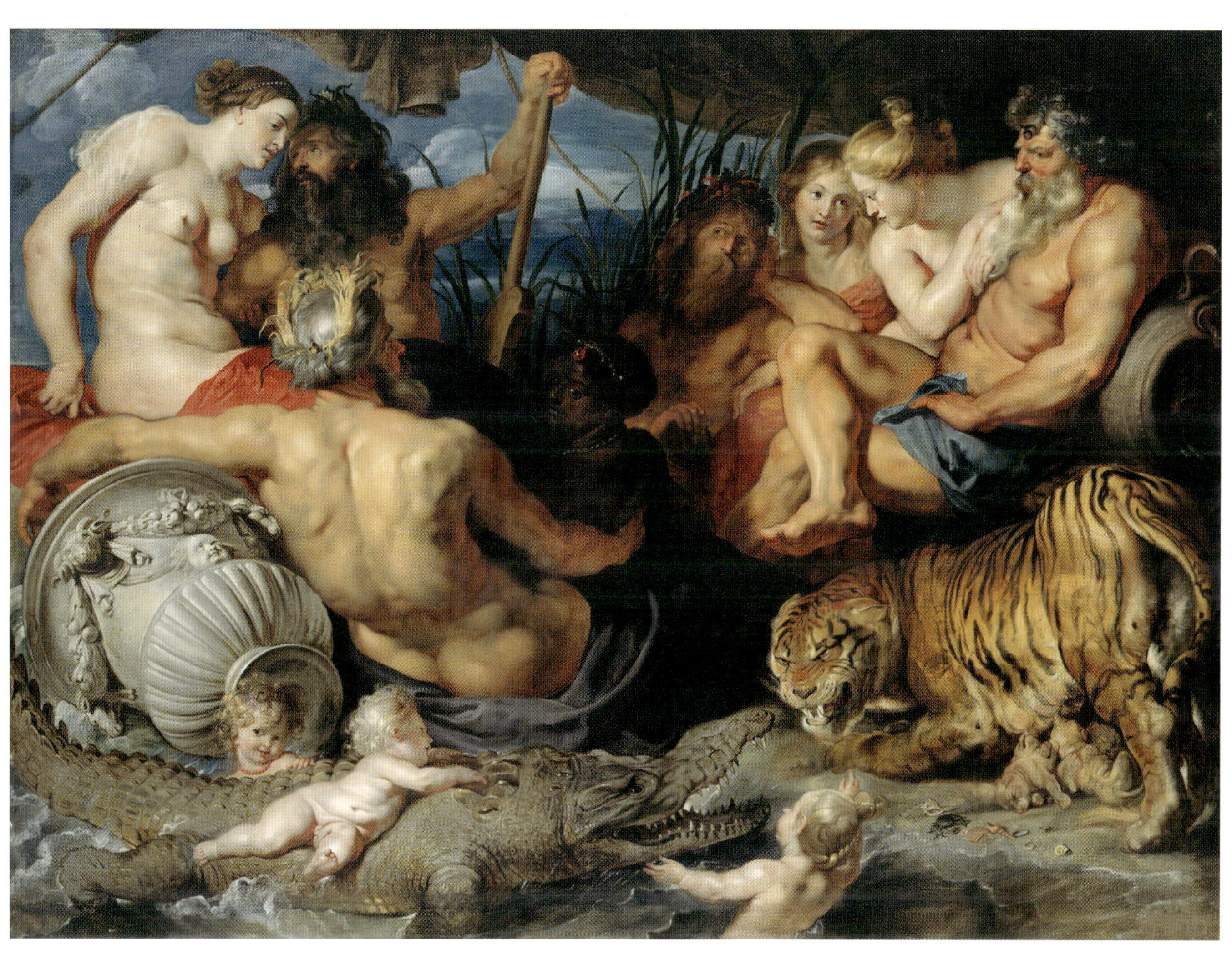

Olieverf op doek, 209 x 283 cm Wenen, Kunsthistorisches Museum, Gemäldegalerie, inv. nr. gg 526
Oil on canvas, 209 x 283 cm Vienna, Kunsthistorisches Museum, Gemäldegalerie, Inv. gg 526

Met zijn behandeling van het thema week hij af van de conventionele voorstelling van de vier werelddelen, zoals die rond 1600 vooral in de prentkunst gangbaar was. Hij liet een aantal geijkte attributen achterwege en besteedde meer aandacht aan enkele typische dieren en planten en aan de grote wereldstromen in de gedaante van riviergoden.

Vier naakte vrouwen verbeelden de destijds bekende werelddelen Europa, Afrika, Azië en Amerika. Ze vertoeven in het gezelschap van vier imposante riviergoden, die de belangrijkste wereldstromen personifiëren. Links zit de jeugdige Europa naast een baardige riviergod die haar teder aankijkt. Zij buigt zich naar hem toe en heeft haar hand vertrouwelijk onder zijn rechterarm geschoven. Hij steunt met zijn linkerarm op een scheepsroer. Rubens beeldde hier Danuvius af, de riviergod van de Donau. Al sinds de Romeinse oudheid gold de Donau als de belangrijkste stroom van Europa. De liggende gestalte van Danuvius met het roer als attribuut komt onder meer voor op antieke munten, waarschijnlijk als embleem van de scheepvaart en bijgevolg van de handel en de voorspoed. De op de rug geziene naakte figuur aan de voeten van Europa is Nilus, de riviergod van de Nijl. Hij is herkenbaar aan de gouden maiskolven die als een laurierkrans in zijn grijze haren zijn gevlochten. Met zijn linkerarm leunt hij op een omgevallen antieke vaas - een courant motief in voorstellingen van riviergoden - en met zijn rechterarm trekt hij de personificatie van Afrika naar zich toe. De riviergod van de Rio de la Plata, die tegenover Afrika zit, steunt ontspannen met zijn elleboog op de schoot van Amerika. De blonde vrouw naast Amerika is Azië. Zij laat haar armen rusten op de sterke schouder van de riviergod van de Ganges, die met zijn rug tegen een omgevallen vaas zit.

Rubens liet in de verpersoonlijking van Amerika en Azië de gebruikelijke exotische elementen weg. Voor de door spelende putti (meestal naakte, soms gevleugelde mollige kinderfiguurtjes) omringde krokodil inspireerde hij zich op een antiek Nilusbeeld in het Vaticaan. De krokodil en de tijgerin met haar welpen verwijzen naar de fauna van Afrika en Azië, maar Europa en Amerika kregen van Rubens geen equivalente vertegenwoordiger uit het dierenrijk mee.

Sinds enkele jaren wint een nieuwe interpretatie van dit schilderij als 'Allegorie van de vier rivieren van het paradijs' terrein. Volgens deze complexe duiding zijn de vrouwelijke figuren niet langer als allegorische personificaties van de continenten te beschouwen, maar als riviernymfen.

flora and fauna and the major rivers in the form of river gods.

The four naked women embody the continents known at the time: Europe, Africa, Asia and America. They appear in the company of four powerful river gods, which personify the major rivers of each continent. On the left, we see the youthful figure of Europe next to a bearded river god who looks at her affectionately. She leans towards him and has intimately placed her hand under his right arm, while he supports himself with his left hand on an enormous oar. This is Danuvius, the god of the River Danube, even in Roman times was regarded as Europe's major waterway. The recumbent figure of Danuvius with the attribute of the oar regularly appeared, for example, on Roman coins, most likely as a symbol of shipping traffic and therefore of trade and prosperity. At Europe's feet lies Nilus, the god of the Nile, portrayed as a reclining nude. Golden corncobs are woven, like a laurel wreath, into the grey hair of the deity. He is supporting himself with his left arm on an overturned antique vase—a conventional motif in the portrayal of river gods—and with his right arm he is pulling towards him the personification of Africa. Opposite her, we recognize the river god Rio de la Plata, who relaxingly leans his elbow in the lap of the personification of America. The blonde woman next to America is Asia, who is leaning against the sturdy shoulders of the river god of the Ganges, who in turn is leaning against an overturned vase.

In the depiction of America and Asia, Rubens left out the usual exotic elements. For the depiction of the crocodile, surrounded by playing putti (usually naked, sometimes winged chubby child figures), Rubens was inspired by an antique statue of Nilus in the Vatican. The crocodile and the tigress with her cubs allude to the fauna of Africa and Asia, although Rubens dispenses with corresponding allusions to the animal kingdom of Europe and America.

For several years now a new interpretation of this painting has been gaining ground, namely that it shows an 'Allegory of the Four Rivers of Paradise'. According to this complex reading of the work the female figures are no longer regarded as allegorical personifications of the continents but as river nymphs.

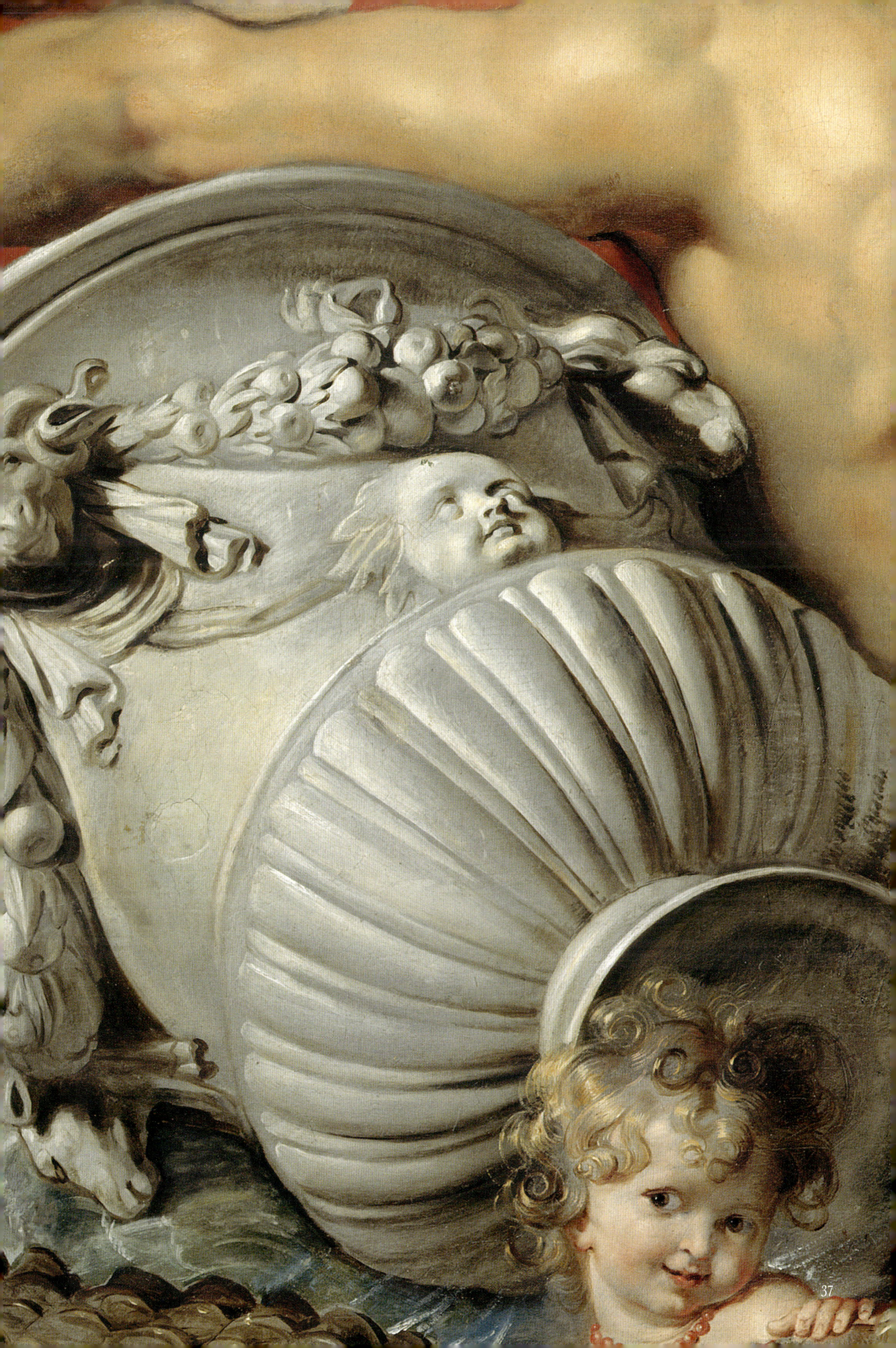

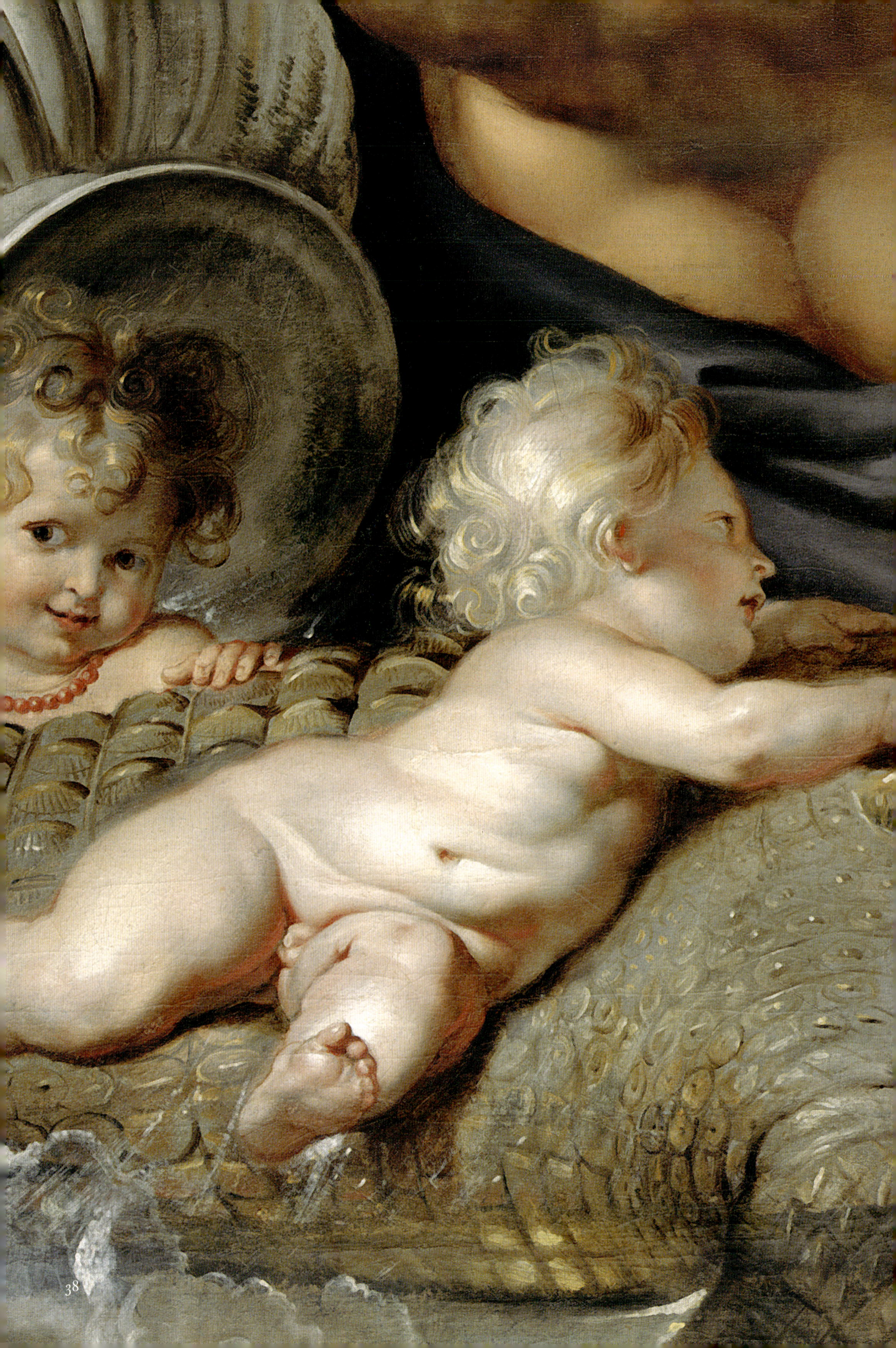

Een originele compositie naar antieke voorbeelden
An Original Composition Based on Antique Models

Het gebeurde geregeld dat Rubens in Antwerpen samen met collega's aan een schilderij werkte, waarbij elk een deel voor zijn rekening nam in overeenstemming met zijn specialiteit. Zo deed hij voor zijn mythologische taferelen en jachtscènes al vroeg een beroep op Frans Snyders, een zeer bekwaam en gewaardeerd schilder van dieren, fruitstillevens, voorraadkamers en zo meer. De reden voor die samenwerking was een streven naar grotere efficiëntie zonder verlies van kwaliteit in een steeds drukker wordende kunstenaarspraktijk. Maar de taakverdeling betekende helemaal niet dat Rubens geen dieren kon schilderen. Het tegendeel blijkt ten overvloede uit het volledig eigenhandige schilderij *De vier werelddelen*.

Twee exotische dieren kregen een prominente plaats in de compositie: links een enorme krokodil die met opengesperde bek door het ondiepe water komt aangekropen (p. 38), en aan de rechterkant een tijgerin die vier pasgeboren welpen zoogt (pp. 42-43) en dreigend blaast naar de krokodil. De twee wilde dieren worden hier als attributen van Afrika en Azië voorgesteld: hoewel ook in Amerika krokodilachtigen voorkomen, wordt de krokodil traditioneel vooral met de Nijl geassocieerd en als een symbool van Afrika beschouwd, terwijl de uit Indië stammende tijger hier de riviergod van de Ganges vergezelt en dus Azië belichaamt.

Eerst bracht Rubens met het penseel de bruine basiskleur van de tijgervacht aan, waarna hij met korte zwarte arceerlijnen de tijgerstrepen schilderde, op zo'n manier dat de structuur van het dierenvel herkenbaar is. Op analoge wijze behandelde hij de lichtere delen van de vacht, bijvoorbeeld rondom de vervaarlijk verwrongen muil van het roofdier. Net als de andere kleur-schakeringen in het tijgervel zijn ook deze lichte partijen als het ware fijn getekend, meestal met korte, parallelle arceerlijntjes. De kunstenaar wist een soortgelijk effect te bereiken door met een enigszins opdrogend penseel dunne gebogen lijnen te trekken, waarmee hij een langere beharing suggereerde op plekken zoals de poten, de buik en het achterste.

Een tijger had Rubens vermoedelijk al met eigen ogen gezien, namelijk in het park van het Brusselse Koudenbergpaleis, waar de landvoogden hun verblijf hielden. Het uitgestrekte park omvatte een beroemde menagerie. Of de kunstenaar ooit een levende krokodil heeft kunnen observeren, is

In Antwerp, Peter Paul Rubens regularly collaborated with painters in the execution of his paintings; each painter was responsible for a part that corresponded with his speciality. For example, for his mythological and hunting scenes he requested the assistance of Frans Snyders, whose skills in the depiction of animals, fruit still life, storage rooms and the like were viewed as remarkable. The reason for the collaboration was Rubens's ambition to increase efficiency without the loss of quality in his continuously growing artistic career. However, the collaboration was not a sign of Rubens's inability to paint animals; on the contrary, as the *Four Continents* attests, which was exclusively painted by Rubens himself.

Two exotic beasts are depicted prominently in the composition: on the left, a large crocodile with gaping jaws, crawling through the shallow water (p. 38), and on the right, a tigress suckling her four new-born cubs (pp. 42-43) and snarling threateningly at the crocodile. The two animals are depicted here as symbols of Africa and Asia. Although alligators are found in America, the crocodile was traditionally associated with the Nile River and thus considered a symbol of Africa. The tiger, at home in India, appears here together with the god of the Ganges River and thus as the symbol of Asia.

Rubens used his brush to first apply the brown basic colour of the tiger's fur and went on to apply short black strokes to indicate the animal's stripes in such a way that the structure of the fur is recognizable. The painter proceeded similarly with the paler parts of the hide, visible for example in the threatening distorted jaw of the predator. These paler areas, along with other colour gradations of the skin, seem to have been finely drawn, mostly by means of short parallel hatching. A similar effect was achieved by applying thin curved lines using a brush that was already drying: these were used to indicate the parts of the tiger, such as the paws, belly and rump, where the hairs were longer.

Rubens had probably seen a tiger in real life, namely at the Palace of Coudenberg in Brussels, where the country's governors resided, which included a huge park with a famous menagerie. It is doubtful that he ever saw a live crocodile. Maybe the depiction of the reptile was based on illustrations from zoological texts and travelogues,

daarentegen twijfelachtig. Hij baseerde zich misschien op afbeeldingen in reisverhalen en dierkundige boeken, maar waarschijnlijker op schetsen naar een levensecht opgezet exemplaar dat hij wellicht had kunnen bestuderen in een rariteitenkabinet of een natuurhistorische verzameling aan een of ander Europees vorstenhof.

Het motief van de geniën of putti die met de krokodil spelen en waarvan eentje de toeschouwer kittig aankijkt (p. 38) is ontleend aan een beroemd antiek Nilusbeeld dat Rubens in de pauselijke verzamelingen in Rome had gezien. De hele voorstelling van de vier werelddelen gaat trouwens in belangrijke mate op voorbeelden uit de oudheid terug. Die verschillende inspiratiebronnen integreerde Rubens met een opmerkelijke vrijheid en vanzelfsprekendheid in zijn compositie. Zo doet de zogende tijgerin denken aan een in 1512 in Rome opgegraven antieke sculptuur van de riviergod Tiberinus met aan zijn zijde een zogende wolvin die de stichtingslegende van Rome verbeeldt. Dit kunstwerk bevond zich sinds 1513 in de beeldenhof van de Vaticaanse Villa Belvedere, waar Rubens het tijdens zijn verblijf in Rome had kunnen bewonderen. Ook de personificaties van de riviergoden zijn onmiskenbaar schatplichtig aan de antieken. Zij bevinden zich in het gezelschap van vier vrouwelijke figuren die de toen bekende werelddelen voorstellen, maar van wie alleen Afrika etnisch duidelijk getypeerd is. De attributen van de riviergoden tot slot, zoals de roeispaan, het zeil en de hoorn des overvloeds, komen eveneens uit de klassieke iconografie. Onder meer door deze elementen is de compositie van *De vier werelddelen* verwant aan de mythologische voorstellingen die de Antwerpse meester in dezelfde periode schilderde.

De hoorn des overvloeds, symbool van rijkdom, vruchtbaarheid en welvaart, is een courant motief in antieke voorstellingen van riviergoden. In zijn schilderij zette Rubens dit attribuut om in een omgevallen vaas met een decoratie van ramskoppen en vruchtenguirlandes, typische sierelementen uit de Romeinse oudheid die tijdens de renaissance opnieuw in zwang waren gekomen (p. 37).

although it is more likely that he based it on sketches of stuffed crocodiles that he had seen in the cabinets of curiosities in many European courts.

Rubens had borrowed the motif of the two genii or putti—playing with the crocodile, one of them glancing slyly at the beholder (p. 38)—from a famous Ancient Roman statue of Nilus, which he had seen in the papal collections in Rome. Quite generally, Rubens's representation of the four continents is considerably based on ancient models. Rubens integrated the various sources of inspiration with remarkable freedom and compositional casualness. For instance, the suckling tigress seems to refer to an antique statue of the river god Tiber, which was excavated in Rome in 1512, with a suckling wolf at his side to symbolize the myth of the founding of Rome. The sculpture had been in the Vatican Villa Belvedere since 1513 and Rubens would have had the chance to study it while in Rome. The ancient sources for the personifications of the river gods are unmistakable. Here they are shown in the company of four female personifications of the continents that were known at the time, of which only the personification of Africa displays any ethnic features. Finally, the attributes of the river gods, such as the oar, the sail and the cornucopia, also originate from classical iconography. Partially as a result of these elements, the composition of the *Four Continents* is closely related to the mythological scenes that Rubens painted during the same period.

The cornucopia, a symbol of wealth, fertility and abundance, is a common motif in antique depictions of river gods. In his painting, Rubens replaced this attribute with a fallen-over vase with decorations of ram's heads and swags of fruit, typical ornamentations from Ancient Rome, which became fashionable again during the Renaissance (p. 37).

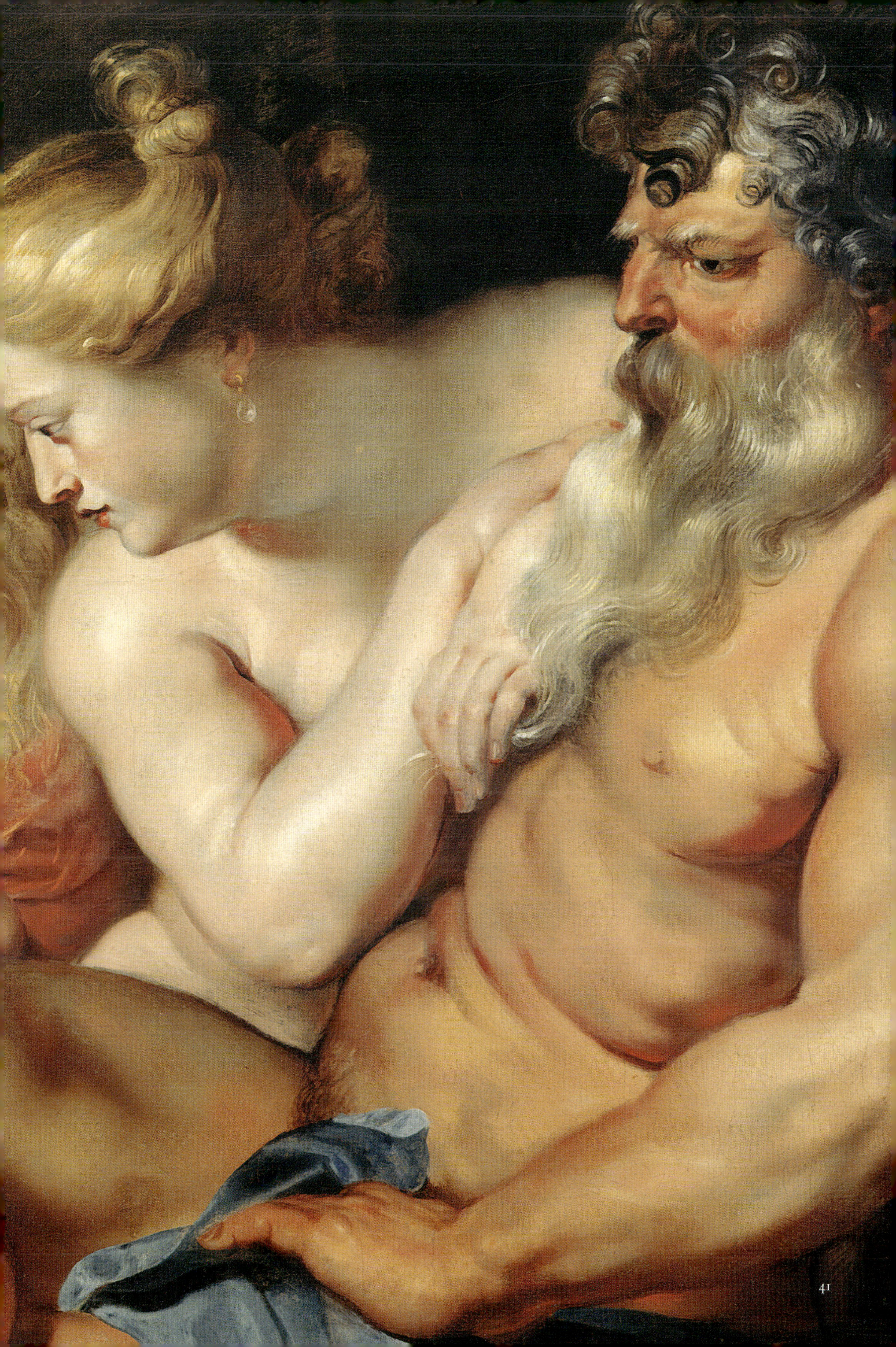

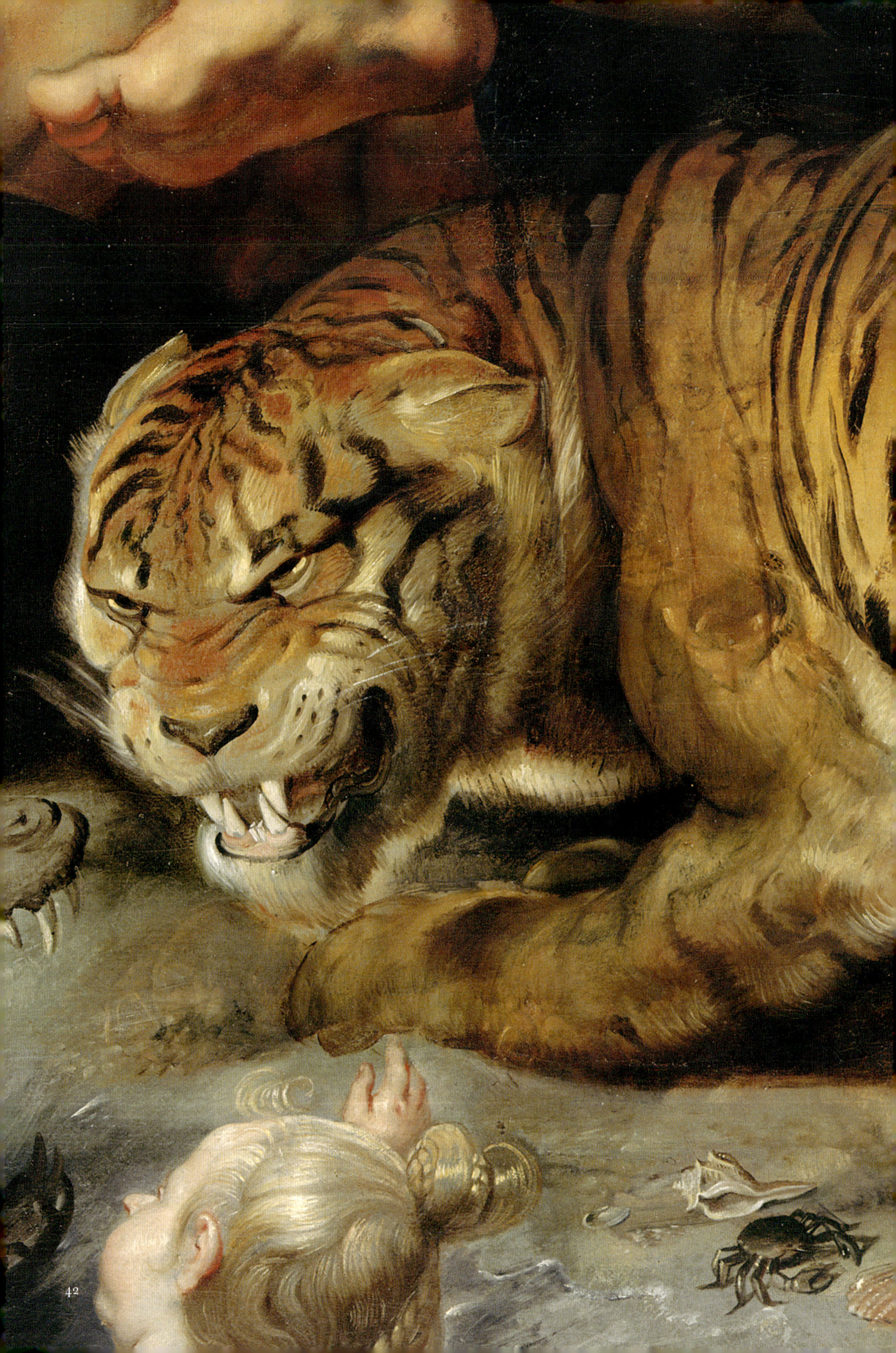

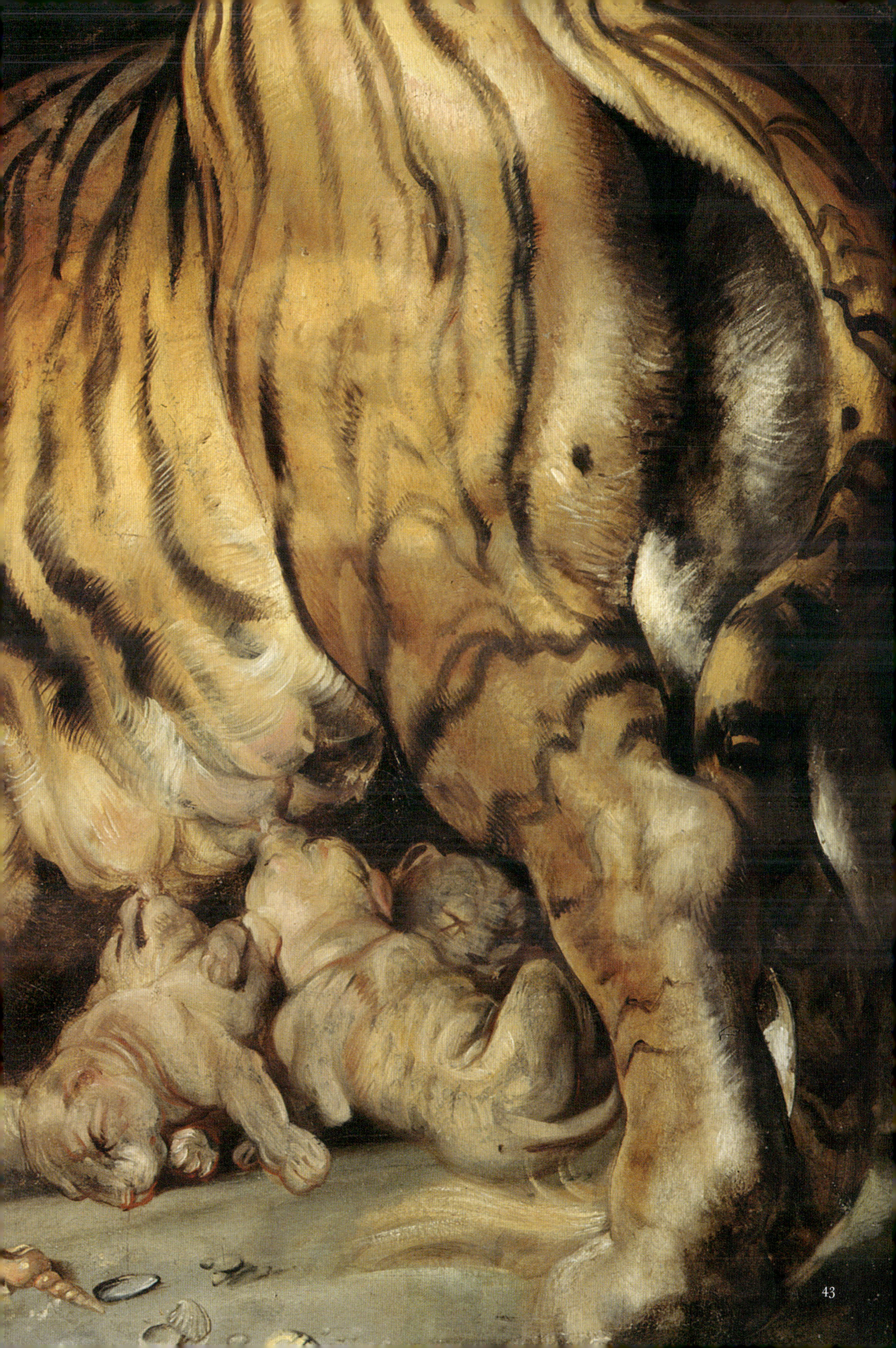

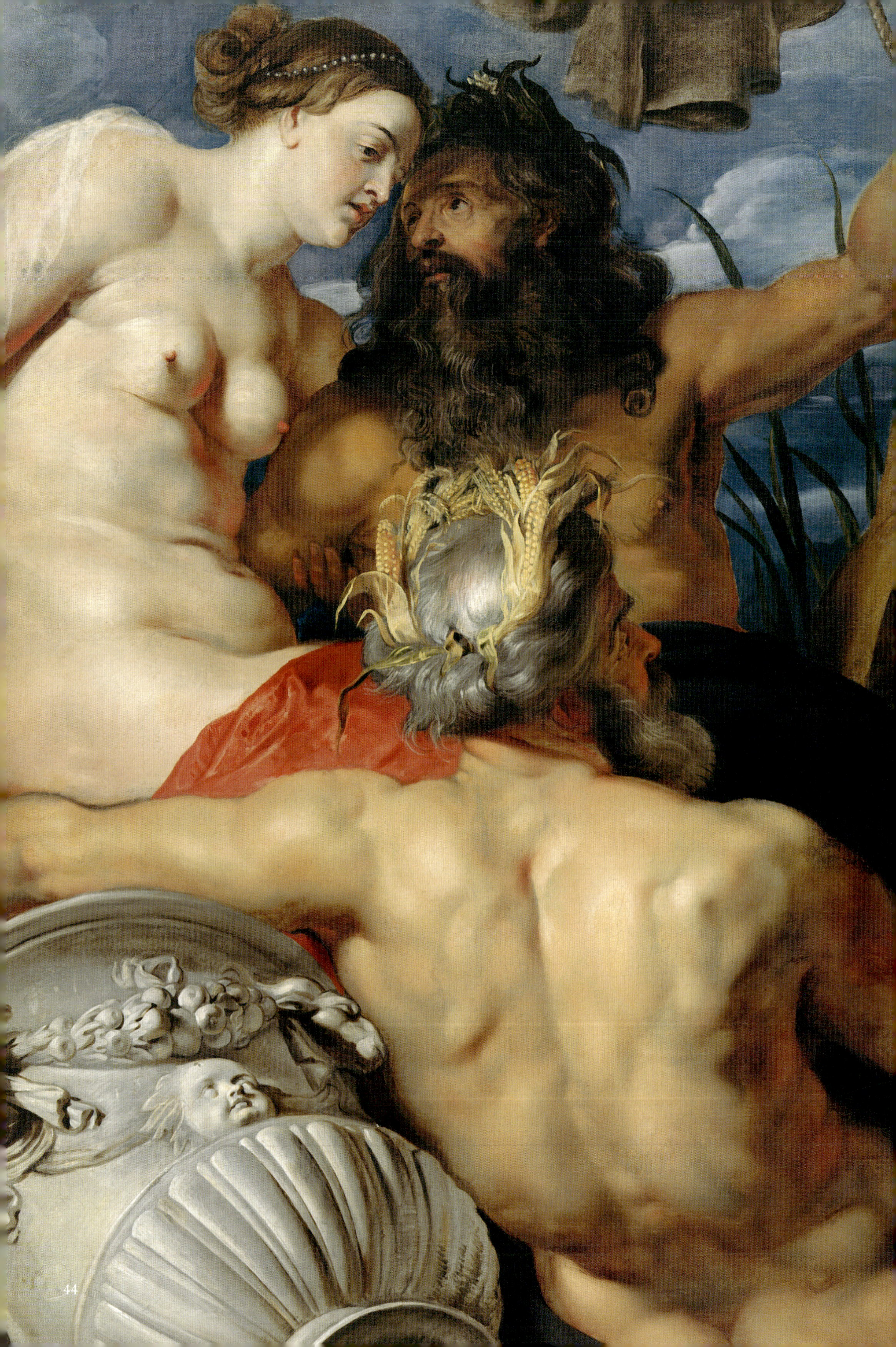

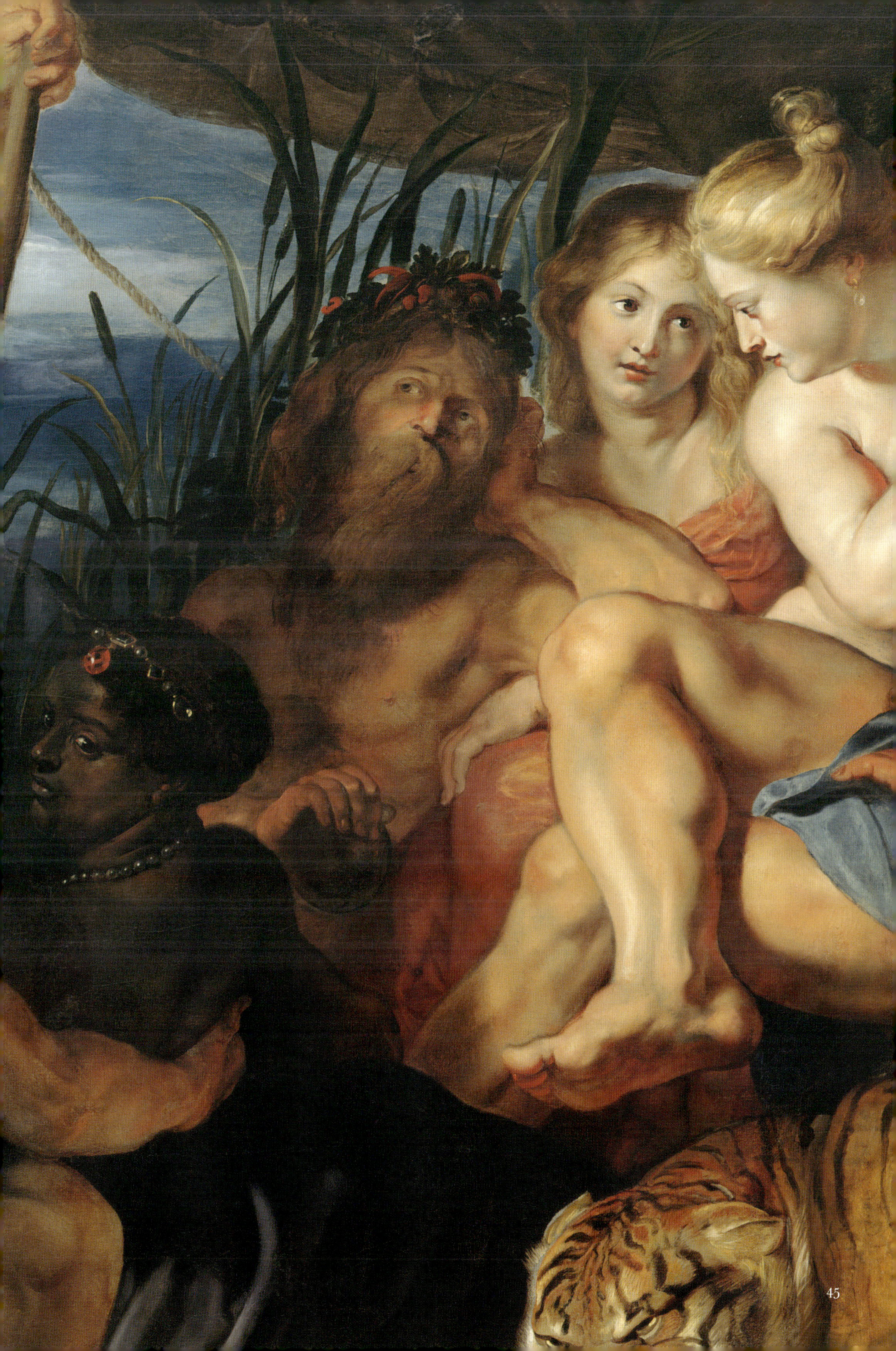

De liefdestuin
The Garden of Love

ca. 1633

De allegorische voorstelling *De liefdestuin*, die omstreeks 1633 tot stand kwam, bekleedt een bijzondere plaats in het oeuvre van Rubens. Het schilderij is, net als de late landschappen overigens, een volledig eigenhandige en heel persoonlijke schepping van de kunstenaar, niettegenstaande het feit dat in de werken uit zijn laatste levensdecennium de inbreng van het atelier meestal aanzienlijk is. Samen met de genoemde landschappen bleef ook *De liefdestuin* in Rubens' bezit tot aan zijn dood. Het werk staat in zijn Antwerpse boedelbeschrijving vermeld als 'Conversatie à la mode'.

De allegorische betekenis van deze afbeelding van een galant feest is nog steeds niet volledig ontraadseld. Naast reminiscenties aan de traditie van de middeleeuwse 'tuin der liefde' en aan Italiaanse feestvoorstellingen zijn in het schilderij onweerlegbaar elementen uit Rubens' privéleven terug te vinden. De kunstenaar was in 1630 gehuwd met Helena Fourment, zijn tweede vrouw. Hij verheerlijkte vanaf dan deze gelukkige verbintenis in meerdere schilderijen en nam het gelaat van zijn jonge echtgenote als model voor verscheidene vrouwenfiguren. De meest directe verwijzing naar zijn reële leefomgeving is echter de achtergrondarchitectuur, die sterk geïnspireerd is op zijn woning in Antwerpen.

Rubens bereidde *De liefdestuin* zorgvuldig voor in een aantal tekeningen. De compositie, die aan de latere burleske galanterieën van Antoine Watteau doet denken, presenteert een groep modieus geklede jongelui die zich ontspannen op een terras, met in de achtergrond een landschap. Vanaf het terras vertrekt een indrukwekkende trap opwaarts naar een portiek die aan de tuinzaal van een paleis doet denken, waar meerdere liefdesparen zich vermaken bij een nisfontein met een sculptuur van de drie gratiën. Centraal in de voorgrond, aan de voet van de trap, zitten drie jonge vrouwen naar de melodie van een luitspeler te luisteren, terwijl een vierde dame aanstalten maakt om zich bij hen te voegen. De drie dames zijn vergezeld van amoretten (liefdesgodjes), die vermoedelijk hun liefdesverlangen symboliseren. De vervulling van dit verlangen wordt verbeeld door de gelukkige paartjes die hen omringen.

Mogelijk stelt de in zachtoranje geklede vrouwenfiguur, die net onder de opvallendste zuil zit en de toeschouwer peinzend aankijkt, Constantia,

Within Rubens's extensive œuvre, the allegorical depiction of the *Garden of Love*, painted around 1633, occupies a special position. While the works dating from the last decade of Rubens's life were to a large extent executed by his studio assistants, the *Garden of Love* (like the late landscapes) is a very personal creation of the master, executed exclusively by himself. Like the landscapes, the *Garden of Love* remained in his possession until his death, and was listed in his Antwerp inventory as *Conversation à la mode*.

To this day, no one has succeeded in completely deciphering the precise allegorical meaning of this depiction of an amorous party. In addition to drawing both on the tradition of the medieval garden of love and on Italian depictions of festivities, the painting also undeniably depicts elements from Rubens's personal life. In 1630, Rubens married Hélène Fourment, his second wife, and since then celebrated this happy union in several paintings at the time, her face serving as a model for several female figures. However, the most immediate reference to the painter's own life is the composition of the architecture in the background, which was inspired directly by his own residence in Antwerp.

Rubens carefully planned the *Garden of Love* in several drawings. The composition, which is reminiscent of the burlesque gallantries of his follower Antoine Watteau, shows a group of fashionably dressed young men and women relaxing on a terrace with a broad view of the surrounding countryside. An imposing stairway leads up from the terrace to a palace-like garden room, where a few couples can be seen enjoying themselves in front of a fountain adorned by a sculpture of the Three Graces. In the middle of the picture, Rubens depicts three young women at the foot of the steps, listening to a lutenist, while another lady is about to join them from the right. The cupids accompanying the three ladies are presumably an allusion to the women's desire for love. The fulfilment of this desire is depicted by the happy couples surrounding them.

Presumably, the female figure dressed in soft orange, sitting beneath the most noticeable column and gazing meditatively at the beholder, represents Constantia, the personification of Perseverance. The woman dressed in green, looking

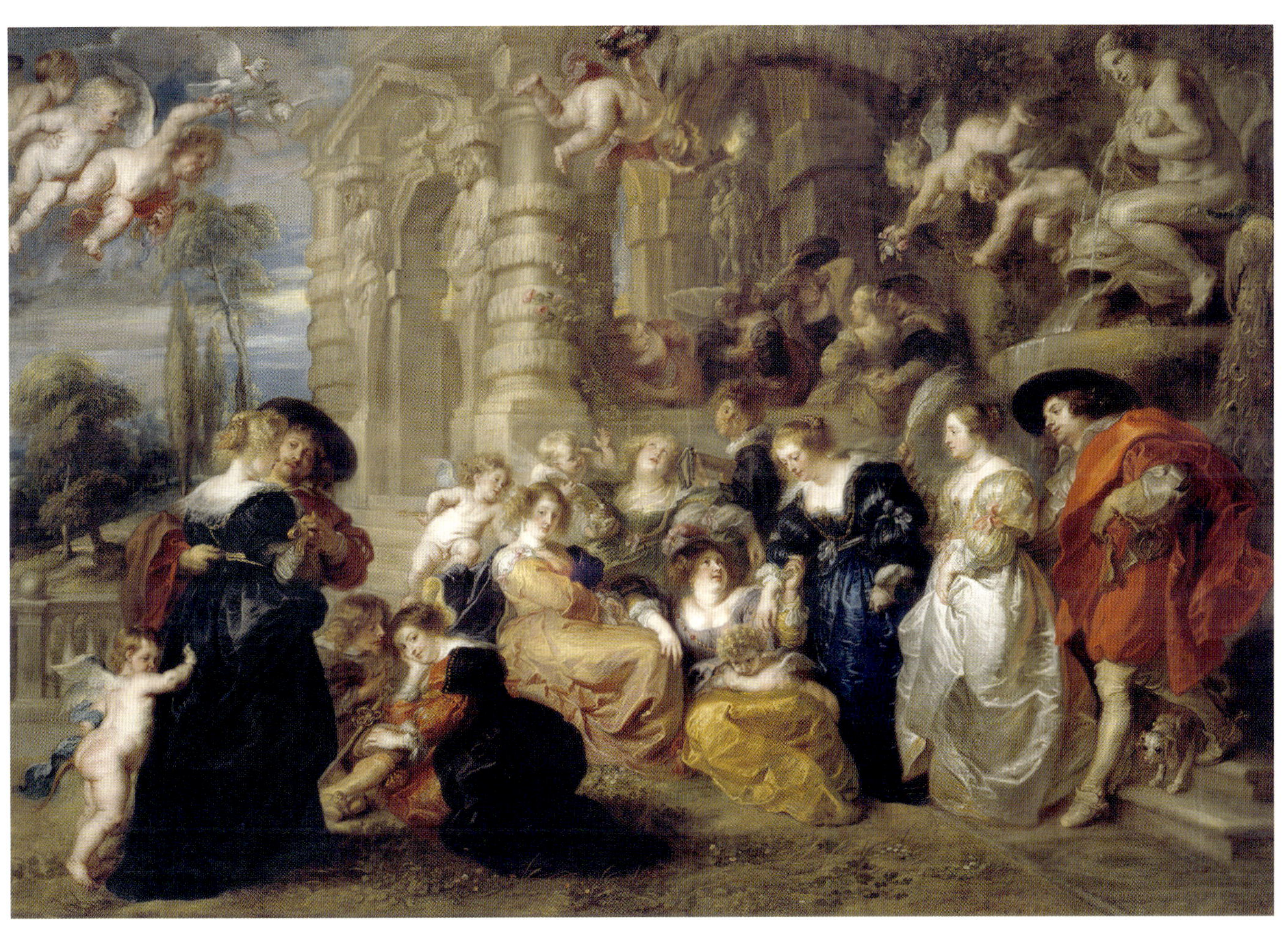

Olieverf op doek, 199 x 286 cm Madrid, Museo Nacional del Prado, inv. nr. p01690
Oil on canvas, 199 x 286 cm Madrid, Museo Nacional del Prado, Inv. p01690

de Standvastigheid, voor. De in het groen geklede dame zou een allusie op de eeuwige liefde kunnen zijn: zij richt haar blik als in extase naar boven, naar een gevleugelde Amor, die een bloemenkrans en een fakkel ophoudt. De derde dame, tot slot, met de japon van gele zijde en met een putto die zijn hoofdje in haar schoot laat rusten, belichaamt misschien de zusterliefde, zoals zij de in het blauw geklede vrouw naar zich toe haalt. Het lijkt wel alsof Rubens de toeschouwer tot een parisoordeel (naar Paris, die moest bepalen welke godin de mooiste was: Hera, Athena of Aphrodite) wilde uitdagen.

Links van deze groep heeft een jong paartje zich op het terras neergevlijd. De man probeert met de hand op het hart zijn geliefde te overtuigen, terwijl zij voorovergeleund en met haar hand op zijn knie dromerig wegkijkt in de richting van de toeschouwer. Helemaal links in de voorgrond lijkt een jong paar op de klanken van de luitspeler te dansen, waarbij de man zijn arm om de aarzelende vrouw heen heeft geslagen en haar met woorden en blikken tracht mee te tronen - een in Amsterdam bewaarde schets toont dit nog duidelijker. Amor helpt mee door de jonge vrouw een duwtje in de rug te geven. Boven het paar zweven drie putti, waarvan de voorste een koppel duiven en het huwelijksjuk presenteert, symbolen dus die onmiskenbaar naar de liefde en het huwelijk verwijzen.

Aan de rechterkant van het terras daalt een jong stel de trap af, samen met een hondje, zinnebeeld van de huwelijkstrouw. Ook dit paar richt zijn schreden naar de groep dames in het midden. De vrouw, die met een vliegenkwast zwaait, loopt hier voorop alsof zij haar partner leidt. Net boven hun hoofd staat een fonteinfiguur: de op een dolfijn gezeten liefdesgodin Venus, die een waterstraal uit beide borsten perst. Uiterst rechts, op de rand van de fontein en direct naast Venus, zit een pauw. Deze vogel gold als het attribuut van de godenmoeder Juno. Rubens verenigde de figuur van Venus met die van Juno tot één metafoor voor de echtelijke liefde.

ecstatically upwards to a winged cupid, holding a garland and a torch, might allude to eternal love. Finally, the third woman in the yellow silk dress and a putto resting its head in her lap is pulling the woman in blue towards her, possibly embodying sisterly love. It almost seems as though Rubens is inviting beholders to make their own Judgement of Paris (referring to the Paris that had to determine which goddess was the most beautiful one: Hera, Athena or Aphrodite).

To the left of this group a young couple sits on the terrace. While the man is addressing his lover with his hand imploringly on his heart, the latter, leaning forwards with her hand on his knee, is gazing dreamily in the direction of the painting's beholder. All the way to the left, a young couple seem to be dancing to the sounds of the lute-player. The woman is hesitating, while the man has his arm round her hips and is trying to persuade her with words and gestures: a sketch preserved in Amsterdam shows this even more clearly. Cupid is helping by encouraging the young woman to follow the man. Above the couple are three putti, of whom the one in front is presenting a pair of doves and the yoke of marriage, symbols that quite unambiguously refer to love and matrimony.

On the right side, a young couple is descending the steps to the terrace with a small dog, a symbol of marital fidelity, and are also approaching the group of women centre stage. The woman, waving a fly-whisk, is leading her partner. Just above their heads, there is a fountain figure: the goddess of love, Venus, riding on a dolphin. All the way to the right, at the edge of the fountain and directly next to Venus, is a peacock, the attribute of Juno, the mother of the gods. Rubens fused the figure of Venus with that of Juno to create a unified symbol of marital love.

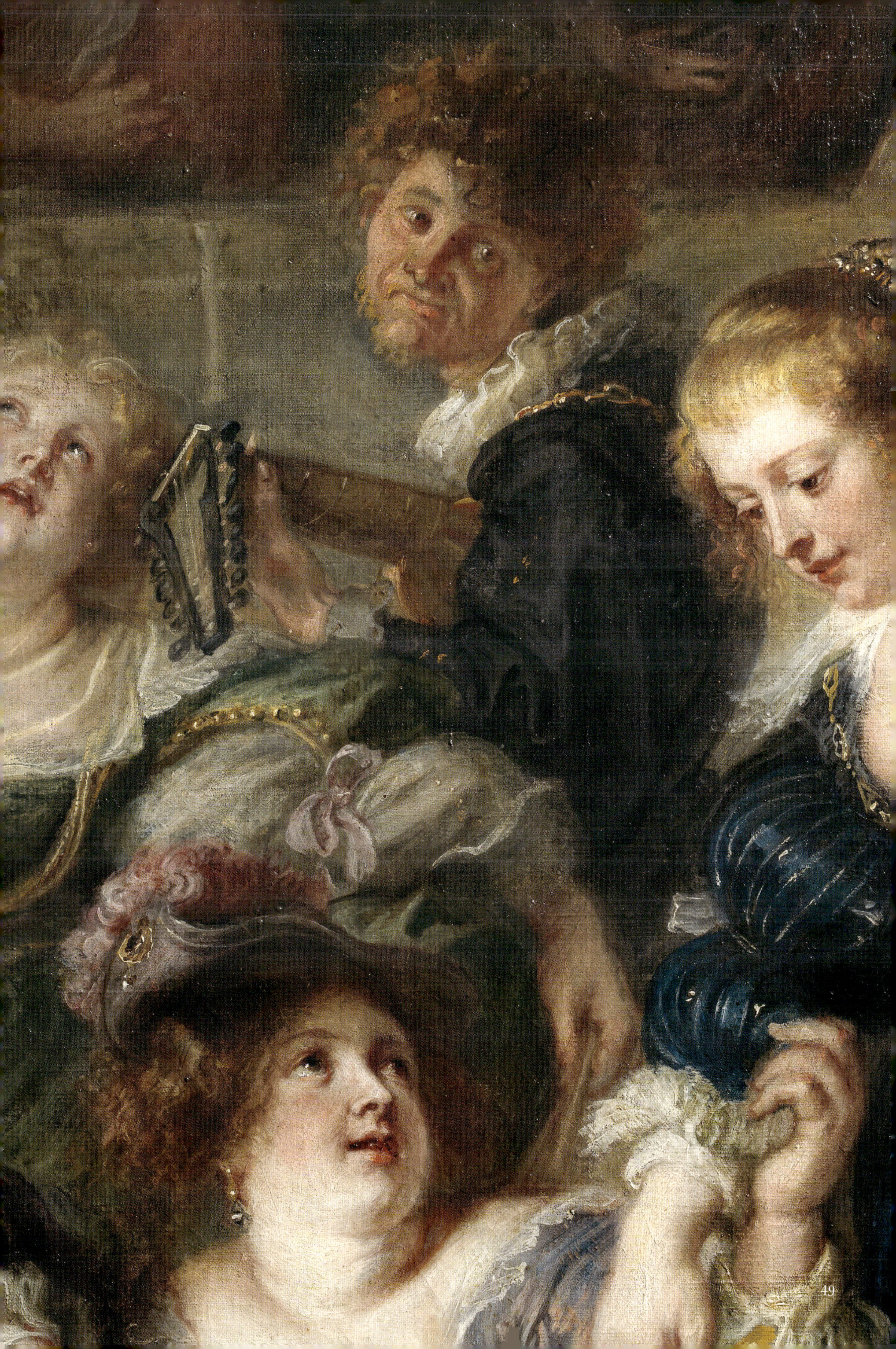

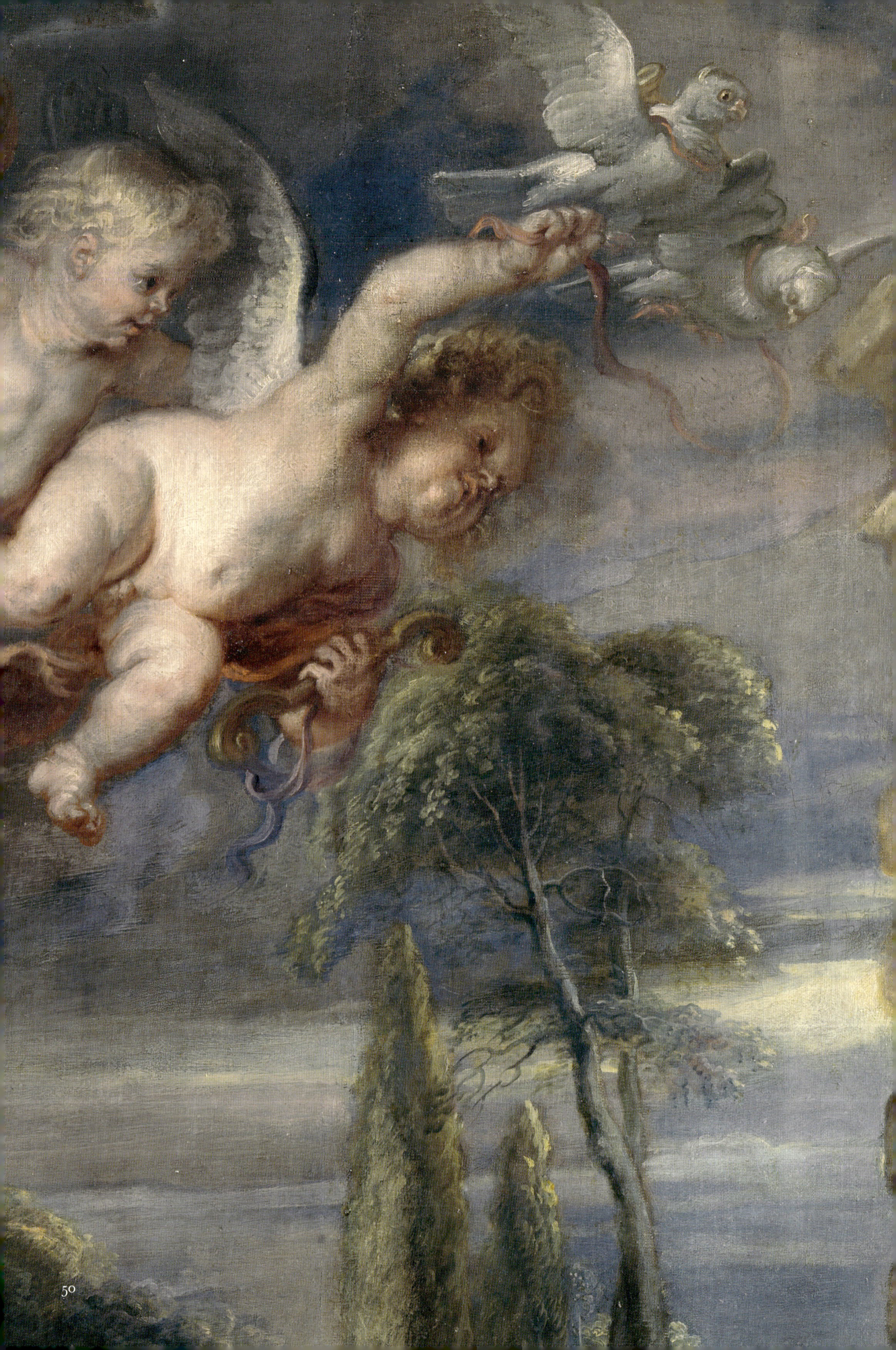

Conversatie à la mode

Conversation à la mode

Hoog boven het 'dansende' liefdespaar dat onder de zachte dwang van een amorette in de richting van het rustende en minnekozende gezelschap wandelt, komen drie eroten aangevlogen – kleine naakte putti of geniën die op de liefdesgod Amor lijken (p. 50). Ze worden voortgetrokken door een koppel duiven, die als het ware een tweespan vormen. De vogels hebben een rood lint om de nek, dat door de voorste putto wordt vastgehouden. Hetzelfde minnegodje houdt in zijn andere hand een klein juk met een blauw lint eraan. In deze details wordt een tegengesteld beeld van de liefde opgeroepen met behulp van symbolen uit de toenmalige emblemataliteratuur. (Emblemata zijn zinnebeeldige platen met motto en bijschrift.) Zulke symbolische motieven kwamen oorspronkelijk uit de klassieke Latijnse liefdespoëzie, die in de renaissance herontdekt was en talrijke Nederlandse humanisten, onder wie Erasmus van Rotterdam, inspireerde. Zo keren de duiven, die door de Romeinse dichter Vergilius als een zinnebeeld van huwelijkstrouw worden beschreven, in de populaire emblematabundels van de baroktijd terug in de vorm van tortelduiven die de wagen van Venus voorttrekken als metafoor voor 'de onwankelbare huwelijkstrouw'. Aan het juk daarentegen kleeft een heel andere betekenis, die eveneens haar oorsprong vindt in de oudheid, met name in het boek *Ars amatoria* van Ovidius en in de liefdeselegieën van Sextus Propertius. Het motief werd al in 1608 opgenomen in een emblematabundel, *Emblemata amatoria*, onder de titel *Pedetentim* (wat betekent 'stap voor stap'), in de context van een voorstelling van de god Amor die een stier een juk oplegt als zinnebeeld van de geleidelijke aanpassing van de man aan het huwelijk.

Niet minder ambivalent is de afbeelding van het 'dansende' paar (p. 53). De man probeert de vrouw – voetje voor voetje – mee te tronen, terwijl hij zijn blik lokkend en tegelijk onderzoekend op haar gevestigd houdt, als om te zien in hoeverre zijn pogingen lukken. Omdat zij aarzelt geeft een Amor met een boog – zijn courante liefdeswapen – haar een duwtje in de rug. De fysionomie van de man doet enigszins aan Rubens denken, en het is dan ook best mogelijk dat de schilder, die in 1626 zijn eerste vrouw had verloren en in 1630 was hertrouwd, hier zijn eigen ervaringen en hoop en verlangens aangaande liefde en huwelijk verbeeldde,

High above the 'dancing' couple, which under the gentle urging of a cupid is moving in the direction of the couples resting and flirting to their right, are three cupids, little naked putti, resembling the god of love, Amor (p. 50). They are being pulled by a pair of doves. The cupid at the front is holding a red ribbon, which is wound round the birds' necks as a rein; in his other hand he is holding a small yoke, decorated with a blue ribbon. With these details, Rubens evokes a contradictory idea of love, seizing on motifs from emblematic literature (emblems are symbolic depictions with a motto and caption). Such symbolic motifs originate from classic Roman love poetry, which was rediscovered in the Renaissance and inspired numerous humanist writers in the Netherlands, including Erasmus of Rotterdam. The Roman poet Virgil had described doves as a symbol of marital fidelity and accordingly, the doves returned in popular Baroque emblem-books in the form of turtle-doves drawing the chariot of Venus as a metaphor for unshakable marital fidelity. By contrast the motif of the yoke suggests a quite different meaning, which also originates from Antiquity, particularly from the book *Ars amatoria* by Ovid and from the love elegies by Sextus Propertius. In 1608, the motif appeared in an emblem collection, *Emblemata Amatoria*, under the heading *Pedetentim* (meaning step by step), in which the god Amor is shown placing a yoke on a bull, symbolizing the gradual taming of the husband to the marital state.

Equally ambivalent is the depiction of the dancing couple (p. 53). Here it is the man who is trying to coax the woman—step by step—while keeping his luring yet enquiring gaze on her, as if he is attempting to gauge her reaction to his courtship. Because she is hesitant, a cupid with a bow—his standard love weapon—gives her a helping hand. The dancer's facial features seem to bear a distant likeness to the physiognomy of the painter, which might suggest that Rubens, who lost his first wife in 1626 and was remarried in 1630, was seeking to express his own hopes, wishes and experiences with regard to love and marriage, with the accompanying emotions of virtuous reservation and gentle persuasiveness.

Rubens also seems to be demonstrating the same ideas, but in a different way, with his depiction of the group of young women gathered at the

met de bijbehorende gevoelens van deugdzame terughouding en zachte overredingskracht.

Ongeveer dezelfde ideeën, maar in een andere vorm, lijkt Rubens te willen uitdrukken in het centrale groepje jonge vrouwen die aan de voet van de imposante trap zitten en zich door de klanken van de luit laten meeslepen (p. 55). Vooral de dame in het groen met een schoothondje in haar arm droomt verrukt weg op de muziek en kijkt naar een amorette die recht boven haar komt aanzweven met een bruidskrans en een bruiloftsfakkel, twee attributen die suggereren dat haar liefdeswens en verlangen naar een huwelijk spoedig in vervulling zullen gaan. Terzelfder tijd spreekt een minnegod haar vurig toe; waarschijnlijk geeft hij een lofzang op de liefde en het huwelijk ten beste. De dame links naast haar zit in een meer ingetogen, nuchtere houding de toeschouwer zelfverzekerd aan te kijken; net achter deze figuur rijst een kolossale zuil op, die wellicht de echtelijke deugd van de standvastigheid en de volharding symboliseert. Het contrast tussen de rustige dame en haar buurvrouw in zinnelijke vervoering is groot.

Er zijn nog andere tegenstellingen te vinden in dit schilderij. Vermoedelijk wordt ook de tegenpool van het standvastige huwelijk verbeeld, namelijk in de gedaante van vier jonge vrouwen en twee mannen die zich achter de balustrade van het landhuis zitten te vermaken (p. 55). Een koppel speelt stiekem handjevrijen, terwijl links van hen een man dartel zijn hoed op het hoofd van een tegenstribbelend meisje zet en tegelijk een ander meisje wellustig vastgrijpt.

Rubens schilderde *De liefdestuin*, een werk dat ook vandaag nog steeds moeilijk te verklaren is, geheel eigenhandig en louter voor zijn eigen genoegen. Nadat hij de compositie in meerdere schetsen had voorbereid, zette hij ze vlot en geroutineerd op doek. Hij bracht de verf heel dun aan zodat de structuur van de linnen drager zichtbaar bleef. Door deze werkwijze gaf hij de voorstelling een bijzondere levendigheid (p. 55). Het lijkt, tot slot, alsof de kunstenaar in zijn allegorie van de liefde terugdacht aan zijn eigen jonge jaren, want voor de landschapsachtergrond, waarin hij met minimale kleurschakeringen een sterk atmosferisch effect wist te bereiken, inspireerde hij zich op de Venetiaanse landschapschilderkunst, in het bijzonder op Titiaan, die hij als jonge kunstenaar ten zeerste had bewonderd.

foot of the magnificent palace stairway who are listening to the sounds of the lutenist (p. 55). Especially, the woman dressed in green with a little lapdog in her arms is delightedly drifting off to the sound of the music while looking at a cupid who is moving towards her from the right, holding a bridal wreath and a wedding torch, two attributes that suggest that her desire for love and marriage will soon be fulfilled. At the same time, a god of love is passionately speaking to her; probably he is elaborating on the advantages of love and marriage. The woman to her left is sitting in a more modest, sober posture, gazing self-confidently at the beholder; the column behind her back probably symbolizes the marital virtues of steadfastness and perseverance and seems to contrast with the sensual character trait of the enraptured woman.

There are more contradictions in this painting. Presumably, the contrast to the steadfast marriage is also depicted, namely by means of four young women and two men enjoying themselves behind the balustrade of the country villa (p. 55). One couple are secretly holding hands, while to their left a man has raised his hat to place it, as a joke, on the head of a woman (who is having none of it), while groping for the breasts of another.

Rubens painted the *Garden of Love*, which in its entirety is still difficult to interpret, completely by himself and purely for his own pleasure. After preparing the composition in several sketches, he transferred the sketches to the painting in workmanlike fashion. He applied the paint very thinly, so that the structure of the linen canvas remained visible, giving the depiction a particularly lively appearance (p. 55). It almost seems as though the painter, in his allegory of love, was also looking back to his own early years, notably in the depiction of the background landscape, in which he created enormous atmospheric effects with minimal colour nuances. Rubens was inspired by Venetian landscape paintings, particularly by Titian, the idol of his youth.

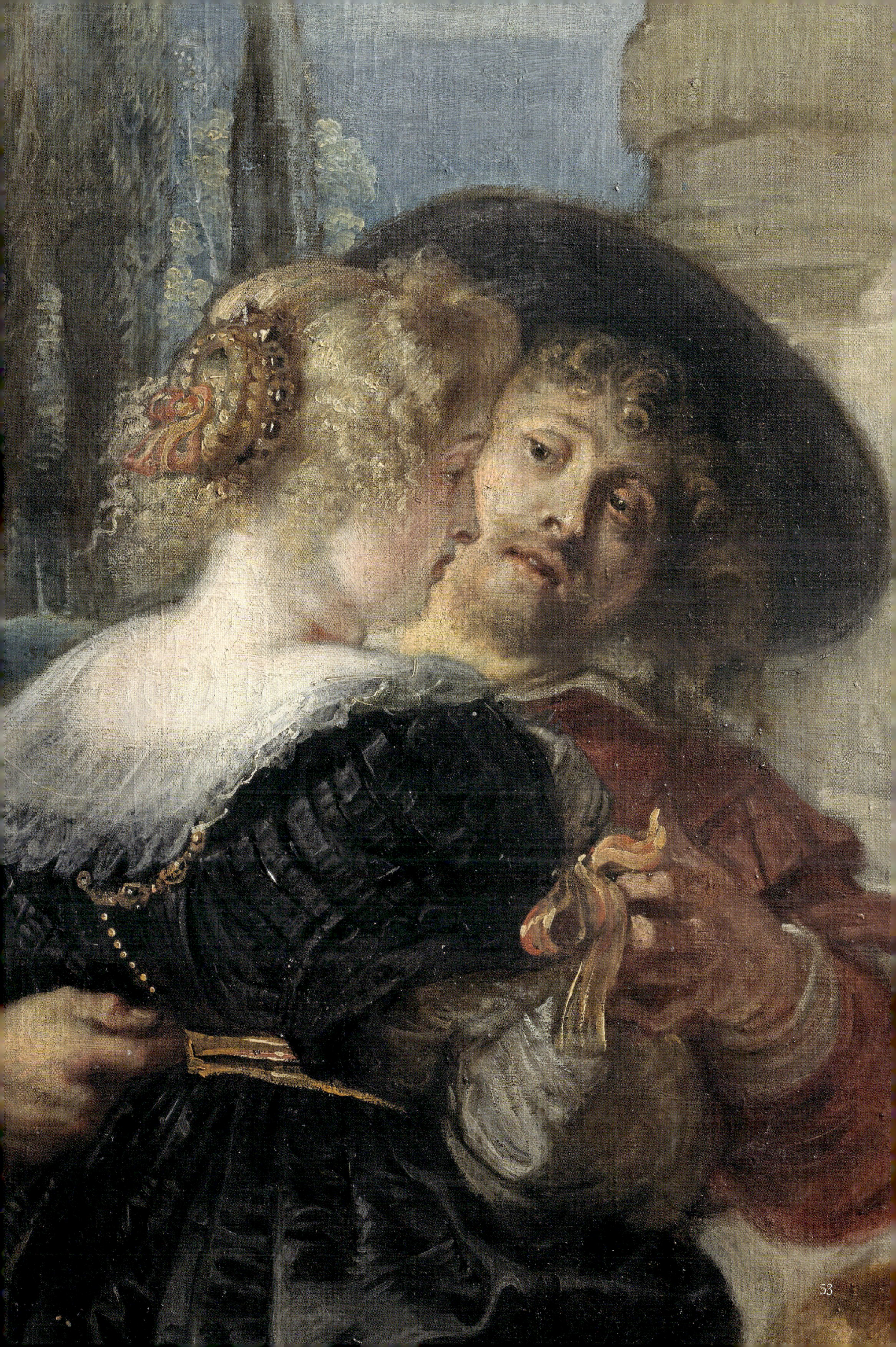

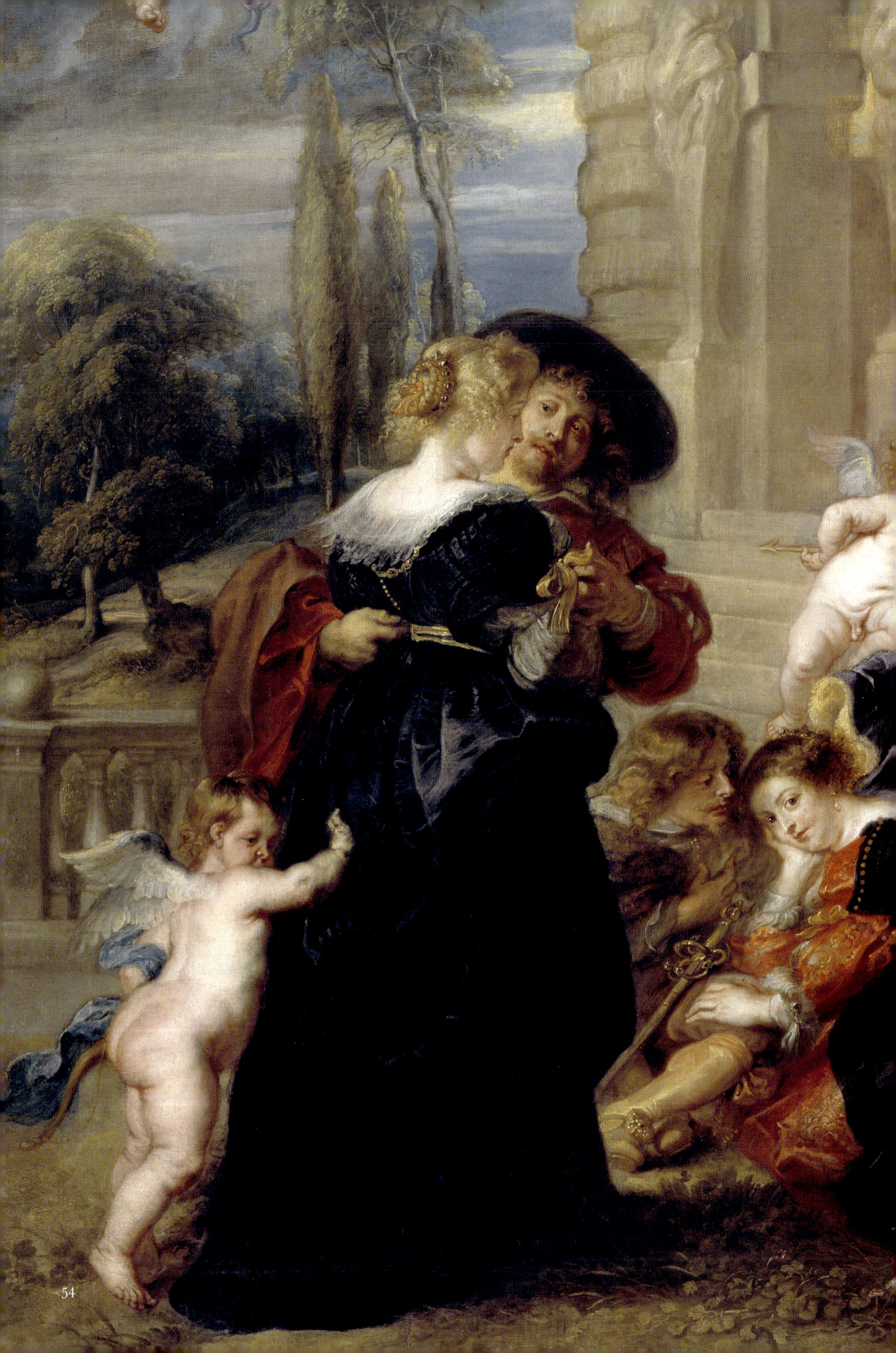

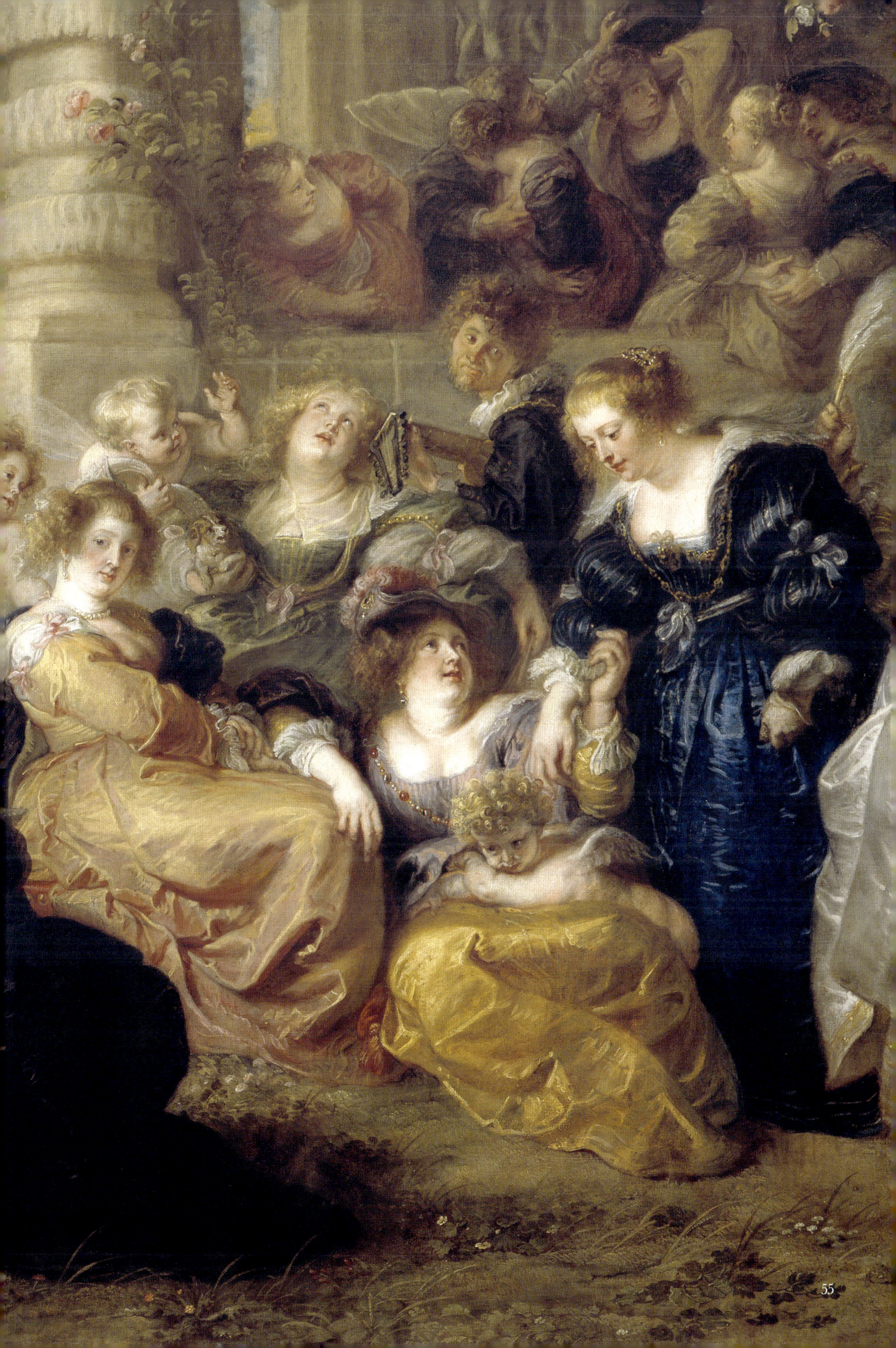

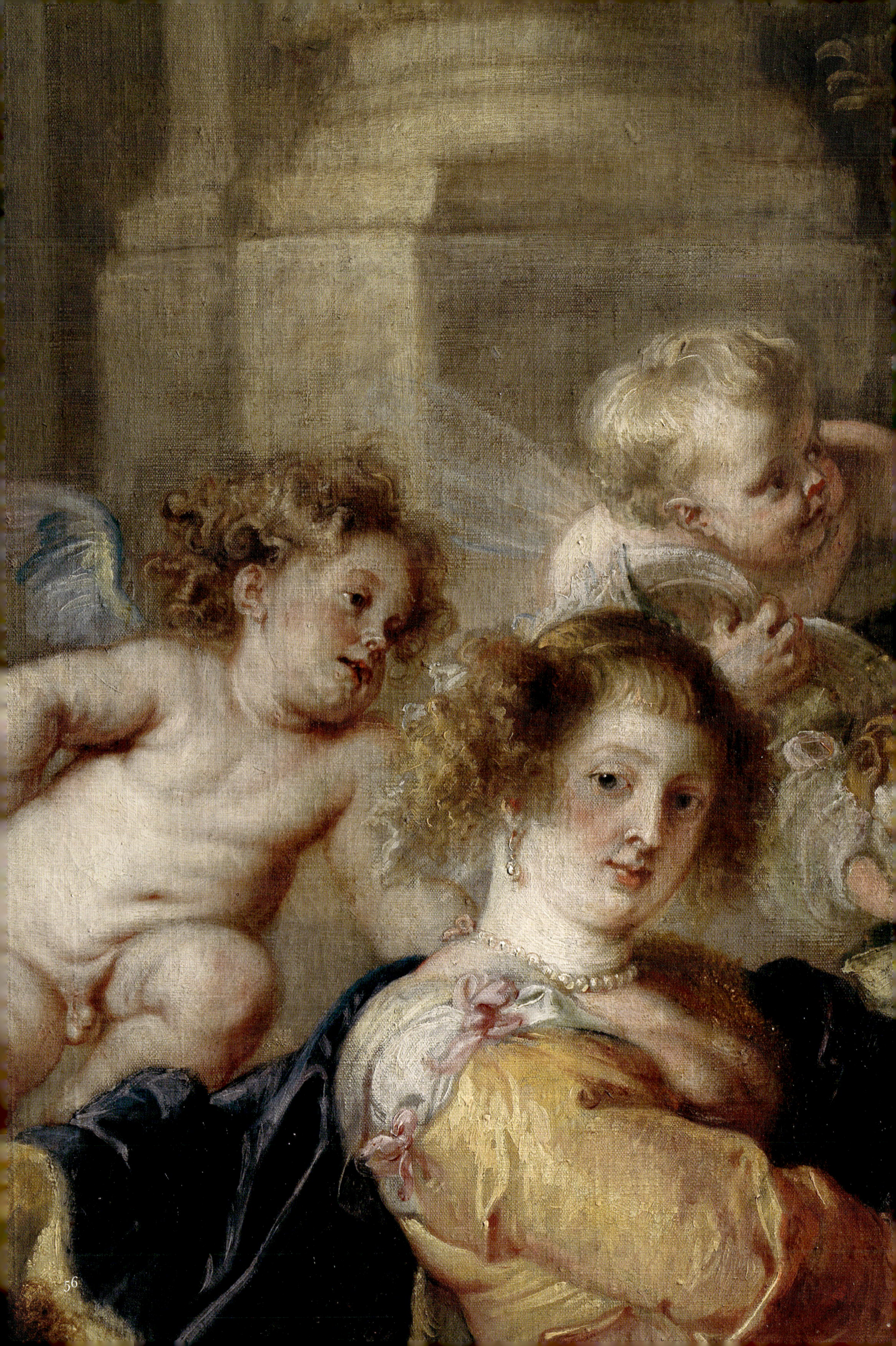